C.H.BECK ◼ WISSEN

in der Beck'schen Reihe

W0085499

Maria hat viele Gesichter. Die Evangelisten beschreiben sie als jüdische Frau und Mutter, die an ihre göttliche Erwählung glaubte und Jesus, den christlichen Messias und Erlöser, zur Welt brachte. Theologen der abendländischen Christenheit verwandelten sie in eine Symbolgestalt, die abbildet, was erlöstes Menschsein ausmacht. In der Geschichte ihrer Verehrung spiegelt sich das Profil einer Frau, der fromme Christen zutrauten, daß sie ihnen in seelischen und materiellen Nöten zu Hilfe kommt. Als Urbild einer glaubenden, schönen und mütterlichen Frau hat sie die Frömmigkeit, Kultur und Politik des alten Europa und der neuen Welt maßgeblich beeinflußt. Dieses Buch stellt dar, was die Verfasser der Evangelien und spätantiken Apokryphen sowie legendäre «Marienleben», theologische Traktate und chronikalische Berichte des Mittelalters und der frühen Neuzeit von Maria erzählen. Es beschreibt die wichtigsten Funktionen und Eigenschaften, die der «Gottesmutter» im Laufe der Geschichte zugeschrieben worden sind. Zur Sprache kommen etwa Marias Emotionen und intellektuelle Fähigkeiten, ihr Körper und ihre Hautfarbe, ihre soziale Stellung und ihr Sterben, ihre Funktionen als Beschützerin und als siegbringende Heilige. So entsteht ein ebenso umfassender wie faszinierender Überblick über die Geschichte und Gegenwart der Marienfrömmigkeit.

Klaus Schreiner ist Professor em. für Mittelalterliche Geschichte an der Universität Bielefeld. Mit seinem Buch «Maria. Jungfrau, Mutter, Herrscherin» (1994) ist er einem größeren Publikum bekannt geworden. Zuletzt erschien von ihm «Frömmigkeit im Mittelalter. Politisch-soziale Kontexte, visuelle Praxis, körperliche Ausdrucksformen» (Hrsg., 2002).

Klaus Schreiner

MARIA

Leben, Legenden, Symbole

Verlag C. H. Beck

Mit 3 Abbildungen

Originalausgabe
© Verlag C. H. Beck oHG, München 2003
Satz: Fotosatz Amann, Aichstetten
Druck und Bindung: Druckerei C. H. Beck, Nördlingen
Umschlagbild: Dieric Bouts und Werkstatt, Madonna mit Kind
(Ausschnitt), 15. Jahrhundert. Städelsches Kunstinstitut,
Gemäldegalerie, Frankfurt am Main. Foto: AKG, Berlin
Umschlagentwurf: Uwe Göbel, München
Printed in Germany
ISBN 3 406 48013 6

www.beck.de

Inhalt

Abkürzungen der biblischen Bücher 6

Einleitung 7

1. Das Zeugnis der Heiligen Schrift:
   Fragmente einer Biographie 12

2. Maria in der spätantiken Kirche 18

3. Intellektuelle Fähigkeiten:
   Konnte Maria lesen und schreiben? 28

4. Emotionen: Hat Maria geweint und gelacht? 38

5. Marias Körper: «Deine Brüste sind süßer als Wein» 48

6. Marias Hautfarbe: «Ich bin schwarz, aber schön» 60

7. Marias Tod als Inbegriff christlichen Sterbens 68

8. Tochter Zion: Marienfrömmigkeit als Quelle
   und Motiv mittelalterlicher Judenfeindschaft 77

9. Soziale Kontexte: Von der Magd des Herrn
   zur adligen und königlichen Herrin 86

10. Maria – Schutzfrau der Bürger 94

11. Militärische Kontexte: «Maria vom Siege» 99

12. Marienverehrung im 19. und 20. Jahrhundert:
    Erscheinungen, neue Dogmen, «Befreiungsmariologie» 109

Rück- und Ausblicke 123

Weiterführende Literatur 126

Register 127

Abkürzungen der biblischen Bücher

Schriften des Alten Testaments

Gen.	Das Buch Genesis
Ex.	Das Buch Exodus
1. Sam.	Das erste Buch Samuel
Dt.	Das Buch Deuteronomium
Ps.	Die Psalmen
Jes.	Das Buch Jesaja

Schriften des Neuen Testaments

Matth.	Das Evangelium nach Matthäus
Mk.	Das Evangelium nach Markus
Luk.	Das Evangelium nach Lukas
Joh.	Das Evangelium nach Johannes
Röm.	Der Brief des Apostels Paulus an die Römer
1 Kor.	Der erste Brief an die Korinther
Gal.	Der Brief an die Galater

Einleitung

Kultur- und Religionskritiker diagnostizieren seit langem den Tod Gottes. Ihr diesbezügliches Urteil ist eindeutig: Religion habe ihre Lebensmacht eingebüßt; religiöse Heimatlosigkeit sei typisch für die geistige Verfassung und seelische Befindlichkeit unserer Gesellschaft. In den entchristianisierten Gesellschaften Europas mache sich «Götterdämmerung» breit. Maria hingegen, so der in den USA lehrende Theologe Harvey Cox, sei «lebendig und wohlauf»; über mangelnde Aufmerksamkeit könne sie sich nicht beklagen. Eine solche Einschätzung beruht auf der Verehrung, die Maria in der lateinamerikanischen Christenheit zuteil wird. In deren religiöser Vorstellungswelt, so das Argument von Cox, verbinden sich mit dem Namen Marias noch Urformen des Weiblichen: Mutterschaft, Fruchtbarkeit, Nähe zur Erde, kosmische Verbundenheit mit Sonne und Mond. Ihre Lebendigkeit, Anziehungskraft und Ausstrahlung verdanke Maria insbesondere den Bildern, Mythen und Metaphern, auf die marienfromme Christen Lateinamerikas zurückgreifen, um emotionalen Wurzeln ihrer Marienfrömmigkeit eine Sprache zu geben. Was lateinamerikanische Frauen bewege, sich Maria zuzuwenden, sei nicht zuletzt Sehnsucht nach einem Leben, das nicht mehr dazu verpflichtet, sich Ausbeutungsmechanismen und Entfremdungszwängen der Herrschenden und Besitzenden auszuliefern. In Maria erkennt Cox das «große Bild, das uns das weibliche Antlitz Gottes zeigt».

Solches Hoffen nährt sich aus dem Glauben an die prophetische Maria, die in ihrem *Magnificat* (Luk. 1,46–55) eine Heilszeit ankündigte, in der Gott den Armen zu ihrem Recht verhilft, die Niedrigen erhöht und die Gewaltigen von ihren Thronen stürzt. In diesem Punkt trifft sich Cox mit Themen und Thesen feministisch geprägter Befreiungstheologie. In deren Blickfeld spielt Maria die Rolle einer subversiven «Sympathisantin»

(Dorothee Sölle), die die Macht der Herrschenden zersetzt. Der brasilianische Befreiungstheologe Leonardo Boff wird nicht müde, immer wieder «Unsere Herrin» (Nossa Senhora) als Anwältin der nach Gerechtigkeit Hungernden anzurufen.

Maria genießt allenthalben Sympathie – auch bei denen, die sich vom Wahrheitsanspruch rechtgläubiger Marientraktate verabschiedet haben. Die Regel ist das nicht. Es gibt auch Gegenstimmen, die Maria bezichtigen, als Gewährsfrau für eine leib- und geschlechtsfeindliche Moral Geschichte gemacht zu haben. Autoren, die ihre Deutungsmuster aus der Psychoanalyse beziehen, sind der Überzeugung, das Menschenfeindliche, das, wie sie meinen, der Marienfrömmigkeit der abendländischen Christenheit zugrunde liege, kraft ihres besonderen Wissens aufschlüsseln und erklären zu können. Was bei solchen Deutungen herauskommt, braucht nicht zu überraschen. Wird Jungfräulichkeit von vornherein mit Triebunterdrückung gleichgesetzt, liegt es nahe, Maria in eine «Göttin der Lustfeindlichkeit» oder in eine «Venus ohne Unterleib» zu verwandeln. Weder Partnerschaft in den Beziehungen zwischen Mann und Frau noch persönliche Selbstbestimmung und aktive Weltgestaltung seien mit dem Marienbild kirchlicher Moralisten vereinbar gewesen, die aus Marias körperlicher Unberührtheit und ihrer dienenden Rolle im Haus von Nazaret Normen für die Lebensführung von Frauen ableiteten. Die von der katholischen Kirche gepflegte Marienfrömmigkeit habe Sexualpessimismus und Jungfrauenwahn genährt, die ihren Teil dazu beitrugen, das gemeine Volk in kindlicher Abhängigkeit und Unmündigkeit zu halten.

In der Marienlehre und Marienpredigt der abendländischen Kirchen ist Maria Gegenstand theologischer Reflexion. Weil sie Gottes Anfrage mit einem gläubigen Ja beantwortete, gilt sie als Vor- und Urbild des glaubenden Christen. Indem sie sich dem Wirken Gottes öffnete und sich selbstlos in den Dienst der göttlichen Heilsgeschichte stellte, sei sie überdies das Urbild der Kirche. Ihre geistgewirkte Mutterschaft dokumentiere Gottes Ja zum Menschen. Katholische Marienfrömmigkeit speist sich aus der katechetischen Aufbereitung und meditativen Umsetzung lehramtlich verkündeter Glaubenssätze. In diesen geht es um

Marias Freiheit von der Erbsünde, die ausschließt, daß ihre Jungfräulichkeit durch die Empfängnis und Geburt Jesu verletzt wurde; um ihre göttliche Mutterschaft, die die Gottmenschlichkeit ihres Sohnes verbürgt; um ihre leib-seelische Vollendung im Himmel, mit der gewöhnliche Christen erst am Ende der Zeiten rechnen können, wenn Christus zum Gericht kommt. Marias göttliche Erwählung, ihre Erhabenheit und Würde soll mit Hilfe dieser Dogmen zum Ausdruck gebracht werden.

Theologie hat es mit der begrifflichen Erfassung und Durchdringung geoffenbarter Wahrheiten zu tun, Frömmigkeit mit gelebtem Leben, das der Sinngebung und der Hilfe bedarf. In emotional geprägten Formen der Marienverehrung – in Wallfahrten zu marianischen Gnadenstätten, in Andachten, Litaneien und Prozessionen, in der Verehrung von Marienbildern, im Rosenkranzgebet und in der Zugehörigkeit zu Rosenkranzbruderschaften – artikulieren Christinnen und Christen ihre Verbundenheit mit Maria, die sie nicht als unerreichbare Göttin erfahren, sondern als glaubende Frau mit tröstenden, bergenden und helfenden Zügen.

Innerkirchliche Kritiker plädieren für eine Marienverehrung, die sich an der biblischen Mutter Jesu ausrichtet. «Die Frage nach Maria», so programmatisch Hans Küng, gebe «Anlaß zu gemeinsamem Nachdenken von Christen, wie die historische Hypothek der Frauenfeindlichkeit in allen Kirchen abgebaut und die Sexismen in einer allzu männlich geprägten Theologie überwunden werden können». Denn: «Spätestens mit den beiden Dogmatisierungen von 1854 und 1950», die Marias unbefleckte Empfängnis und ihre leibliche Aufnahme in den Himmel zu lehramtlich definierten Glaubensartikeln machten, sei Maria «in das Assoziationsfeld von Papalismus und Triumphalismus geraten: Marienverehrung, Papstvergötzung und Zölibatszwang als drei Grundfaktoren in der Entwicklung des mittelalterlich-gegenreformatorisch-antimodernistischen römischen Systems». Um den Weg zu ebnen für ein ökumenisches Bild Marias, bedürfe die Mariengestalt «der Befreiung von gewissen Bildern – von den Wunschbildern einer männlich-zölibatären Priesterhierarchie ebenso wie von den Wunschbildern einer kompensatorischen Identitätssuche von Frauen». Die herkömmliche Marienverehrung «von frauenfeindlichen Klischees und festgefahrenen Vorstellungen zu befreien» und Maria «für unsere Zeit neu zu interpretieren», sei das Gebot der Stunde. In ökumenischem Interesse wird von protestantischer Seite eine «biblisch begründete, christozentrische Mariologie» eingeklagt, die das Wirken und die Gegenwart des Heiligen Geistes in der Geschichte Jesu und in der Geschichte der Menschen zum Ausdruck bringt und nicht als «Sammelbecken der verschiedenen religiösen Bedürfnisse und Wünsche» dient (Jürgen Moltmann).

Wallfahrende Laienchristen, die von theologischen Debatten keine Notiz nehmen und es deshalb auch nicht verlernt haben, in Altötting, Einsiedeln oder Telgte, in Lourdes, Fatima oder Guadalupe Begegnungen mit Maria zu suchen, fühlen sich durch die Einwände der Gottesgelehrten nicht verunsichert; an marianischen Gnadenstätten wollen sie immer noch Erfahrungen machen, die erbauen, trösten und helfen. Im gemeinschaftlichen Beten, Singen und Wallen finden sie eine Quelle biblisch geprägter Spiritualität, die Leben als Pilgerschaft begreifen läßt. Christen des Mittelalters und der frühen Neuzeit pilgerten zu einem Wallfahrtsort, um sich sowohl in ihren seelischen Nöten als auch in ihren leiblichen Gebrechen von einem marianischen Gnadenbild helfen zu lassen. Sie suchten, gestützt durch grenzenloses Vertrauen in die wunderbare Macht Gottes und seiner Heiligen, das Wunder, das von Hunger und Krankheit, von Heils- und Lebensängsten befreit. Die Gedanken und Gefühle jener Kranken, die sich heutzutage mit Pilgerzügen zum Marienheiligtum im südfranzösischen Lourdes bringen lassen, sind nicht mehr auf das Wunder fixiert. Ihre Beweggründe sind anderer Art. Über Erwartungen und Verhaltensweisen von Kranken in Lourdes veröffentlichte das populärwissenschaftliche Magazin *Geo* im Juli 1982 den Erlebnisbericht eines protestantischen deutschen Autors, der sich als Krankenträger für ein Jahr der Hilfsgemeinschaft «Hospitalité Notre Dame de Lourdes» angeschlossen hatte. Der Autor berichtet: Durch die nationale und soziale Grenzen überspringende Krankenfürsorge entstehe eine besondere Atmosphäre zwischenmenschlicher Geborgenheit, «wie sie sonst nirgends möglich ist. In dieser Intimität wurde mir klar, was die kranken Wallfahrer bewegt: nicht so sehr die Hoffnung, wundersam geheilt zu werden. Sondern die Dankbarkeit, daß sie hier mit ihren Leiden fertig werden. Nicht Verzweiflung. Sondern Freude darüber, daß wenigstens dies keine Welt von Kalten ist. Hier werden sie nicht abgeschoben, vergessen, ignoriert. Hier stehen sie im Mittelpunkt und müssen sich ihrer Krankheit nicht schämen. Sie stehen im Mittelpunkt, obwohl die 60 000 Kranken unter den jährlichen 4,5 Millionen Lourdes-Besuchern nur eine verschwindend kleine Minderheit sind.»

Christenmenschen des Mittelalters und der frühen Neuzeit waren nicht nur deshalb fromm, um am Jüngsten Tag einen gnädigen Gott zu finden, der mit ewigem Leben beglückt. Ihnen lag überdies daran, sich des Beistandes himmlischer Mächte zu vergewissern, die ihnen helfen, Wege durch einen von Not und Gebrechen verdüsterten Alltag zu finden. Marienfrömmigkeit hatte eine lebenspraktische Funktion. Wenn die eigenen Kräfte nicht mehr ausreichten, um elementarer Lebensprobleme Herr zu werden, sollte Maria zu Hilfe kommen, um durch wunderbare Eingriffe Unlösbares lösbar, Menschenunmögliches möglich zu machen.

Maria hat viele Gesichter. Einige von diesen sollen im folgenden nachgezeichnet werden – allerdings nicht am Leitfaden dogmatischer und dogmengeschichtlicher Diskurse, sondern im Lichte zeitgebundener Wahrnehmungsinteressen und im Hinblick auf konkrete, lebenspraktische Bedürfnisse. Es werden Geschichten nacherzählt, in denen Maria literarische Gestalt annahm. Es geht um Wirkungen, die Maria als Symbolgestalt auf die Frömmigkeit und politische Religiosität hat. Zur Sprache gebracht werden sollen religiöse, politische und soziale Werte, die Maria verkörperte, Erwartungen, die sie erfüllen sollte, sowie Welt- und Lebensdeutungen, die sie durch ihre Lebensführung zum Inbegriff eines sinnerfüllten, von Gott gewollten und gesegneten Daseins gemacht hat.

1. Das Zeugnis der Heiligen Schrift:
Fragmente einer Biographie

Die Evangelisten beschreiben Marias Rolle in der christlichen Heilsgeschichte. Was sie über ihre Person berichten, reicht nicht aus, um sich von ihrer Persönlichkeit und dem Verlauf ihres Lebens ein klares, umfassendes Bild zu machen. An der Biographie einer un- und außergewöhnlichen Frau waren die Verfasser der Evangelien nicht interessiert. In der Tat: Die Evangelisten geben keine Auskunft über Marias Eltern, Geschwister und Verwandte; sie sagen nichts über ihre Kindheit und ihre Jugend, nichts über das familiäre Milieu, in dem sie aufwuchs. Dies alles bleibt aus ihren Berichten über die Reden und Taten Jesu ausgeblendet. Für das von Jesus angekündigte Kommen des Gottesreiches und die erlösende Kraft seiner Passion waren Informationen über den Charakter und Lebensweg Marias ohne Belang. Deshalb wird in den Evangelien nichts berichtet über geistige Interessen und persönliche Vorlieben Marias, nichts über ihre Gefühle und Passionen. Die Evangelisten geben auch keine Auskunft darüber, ob Maria eine demütige oder selbstbewußte, eine temperamentvolle oder sanftmütige Frau war. Theologische Berichtsinteressen schlossen es aus, genauer zu schildern, wie Maria aussah, welche Farben ihre Augen und ihre Haare hatten, ob Anmut und Liebreiz von ihr ausgingen, ob sie schön und ansehnlich war. Nicht einmal Marias Geburts- und Todesdatum sind aus den Aufzeichnungen der Evangelisten zu erfahren. Was Matthäus, Markus, Lukas und Johannes von Maria berichten, sind Bruchstücke einer Biographie. Die überlieferten Fragmente reichen nicht aus, um mit deren Hilfe ein geschlossenes Bild über die wirkliche Maria zu entwerfen.

Paulus, in dessen Brief an die Galater sich der älteste biblische Hinweis auf die Mutter Jesu findet, nennt nicht einmal ihren Namen. Er schreibt: «Als aber die Zeit erfüllt war, sandte Gott seinen Sohn, geboren von einer Frau und dem Gesetz unterstellt, damit er freikaufe, die unter dem Gesetz stehen, und damit wir die Sohnschaft erlangen.» (Gal. 4,4–5) In der Geburt von einer Frau erblickte der Apostel einen Beleg für das volle Menschsein Jesu. Die Evangelisten kennen ihren Namen. Maria aus Nazaret ist für sie die Mutter Jesu. Die ihr von Gott zugedachte Mutterschaft konnte sie ihrer Auffassung nach deshalb erfüllen, weil sie geglaubt hat. Sie nahm teil am Leidensweg ihres Sohnes und gehörte zur urchristlichen Gemeinde von Jerusalem. Der nach dem Jahre 70 schreibende Evangelist Markus nennt Jesus einen «Sohn der Maria» (Mk. 6,3). Josef, seinen Vater, nennt er nicht. Daß Jesus im Widerspruch zu den landesüblichen Gewohnheiten als Sohn seiner Mutter bezeichnet und nicht nach seinem Vater benannt wurde, kann als Schimpfwort wie auch als theologische Aussage gedeutet werden. Wäre die Herkunftsbezeichnung «Sohn der Maria» als Schimpfwort zu verstehen, hätten es die Gegner dazu benutzt, ihre Abneigung gegenüber dem christlichen Messias zum Ausdruck zu bringen. Es ist aber auch nicht auszuschließen, daß Jesus deshalb als «Sohn der Maria» bezeichnet wurde, um an seine Geburt von einer Jungfrau zu erinnern.

Matthäus und Lukas berichten ausführlich über die Kindheit Jesu. Die historische Glaubwürdigkeit der von Lukas verfaßten Kindheitsgeschichte ist jedoch umstritten. Katholische und evangelische Bibelwissenschaftler halten sie für eine historisch weitgehend ungesicherte, mit legendären Motiven angereicherte Erzählung, die den Glauben an Jesu Messianität in eine narrative Form brachte. Matthäus beginnt sein Evangelium mit dem Stammbaum Jesu. Er tut dies, um Jesus mit Hilfe der Genealogie seines Nährvaters Josef zu einem Nachfahren König Davids zu machen, aus dessen Geschlecht der messianische Retter Israels erwartet wurde. Josef wird als Mann Marias beschrieben (Matth. 1,16), von der geboren wurde Jesus, der Christus genannt wird (1,17). Von einer leiblichen Vaterschaft Josefs berichtet Matthäus nichts. Jesus ist nicht der Sohn Josefs; Matthäus wollte sagen: Maria hat ihn ohne Mitwirkung eines Mannes vom Heiligen Geist empfangen (1,20). Er ist und bleibt deshalb der Sohn Marias. Der Evangelist spricht wiederholt vom «Kind und seiner Mutter», um auf diese Weise anzudeuten, daß es zwischen Josef und Jesus keine verwandtschaftlichen Bande des Blutes gibt. Josefs Zweifel an der Treue seiner Verlobten zerstreute ein Engel, der dem verunsicherten Mann Marias im Traum erschien. Der himmlische Bote teilte Josef mit, das Kind im Schoße der mit ihm verlobten Maria sei vom Heiligen Geist gezeugt worden (1,20). Matthäus wollte den Lesern seines Evangeliums verständlich machen: Im Heilsplan Gottes kommt es auf Maria und ihren Sohn an, nicht auf Josef, der als Zimmermann den Lebensunterhalt für seine Familie verdiente. Das zeigt sich auch bei der Huldigung der aus dem Morgenland nach Bethlehem gekommenen Sterndeuter. Von Josef ist in diesem Zusammenhang nicht die Rede, wohl aber von Maria und ihrem Kind. Vor der Mutter und ihrem neugeborenen Sohn fielen die orientalischen Magier zu Boden, um der Mutter und ihrem Sohn zu huldigen. Auf der Flucht nach Ägypten und bei der Rückkehr aus Ägypten bewährte sich Josef als treusorgender Helfer und Gefährte seiner Familie. Eine unentbehrliche Figur im Heilsplan Gottes ist er nicht.

Auch Lukas richtet sein Interesse stärker auf Maria als auf Josef. Nicht Josef, der gesetzliche Vater, soll Jesus den von dem Engel Gabriel verheißenen Namen geben, sondern Maria (Luk. 1,31). Der Engel Gottes nennt sie eine «Begnadete» (1,28), auf welcher der Segen Gottes ruht. Maria fühlt und versteht sich als «Magd des Herrn» (1,38), die Gott zur Mutter seines Sohnes erwählt hat. Weil sie dem Engel geglaubt hat, ist sie – gleich Abraham – Urbild der Kirche und des gläubigen Menschen. Elisabeth, ihre Base, preist sie selig. weil sie «geglaubt hat, daß sich erfüllt, was der Herr ihr sagen ließ» (1,45). Maria antwortet auf den Gruß der Elisabeth mit ihrem Magnificat (1,46–54). In diesem rühmt sie Gott als ihren Retter, der sich ihrer, einer niedrigen Magd, angenommen hat, um Israel kundzutun, daß die Armen und Niedrigen mit seiner Hilfe und seinem Erbarmen rechnen können.

Marias bedingungslose Gläubigkeit, ihr geduldiges Hinhören auf Gottes Erwählung und Weisung, ihre frei getroffene Entscheidung, Mutter Gottes zu werden, veranschaulicht der Evangelist an der Verheißung der Geburt Jesu durch den Erzengel Gabriel (1,26–38). Gott hatte ihn nach Nazaret geschickt, um Maria folgendes mitzuteilen: «Du wirst ein Kind empfangen, einen Sohn wirst du gebären: dem sollst du den Namen Jesus geben. Er wird groß sein und Sohn des Höchsten genannt werden. Gott, der Herr, wird ihm den Thron seines Vaters David geben. Er wird über das Haus Jakob in Ewigkeit herrschen, und seine Herrschaft wird kein Ende haben.» Maria überkamen Zweifel, als sie dies vernahm; sie konnte sich nicht erklären, wie dies ohne geschlechtliche Vereinigung mit einem Mann geschehen sollte. Des Engels Antwort zerstreute ihre Bedenken. Er sagte: «Der Heilige Geist wird über dich kommen, und die Kraft des Höchsten wird dich überschatten. Deshalb wird auch das Kind heilig und Sohn Gottes genannt werden.» Der Geist, der über Maria kommen soll, verweist auf den Schöpfergeist, der bei der Erschaffung der Welt über den abgründigen Wassern schwebte (Gen. 1,2). Die «Kraft des Höchsten», die Maria überschatten soll, erinnert an die Wolke, die über dem Tempel Israels schwebt, um Gottes Gegenwart anzuzeigen.

Die Theologie des Lukas leuchtet ein. Die wunderbare, vom Geist Gottes bewirkte Empfängnis des Erlösers im Schoß Marias charakterisiert er als neue Schöpfung. Ob aber alles wirklich so vonstatten ging, wie es Lukas berichtet, ist nicht mit Sicherheit zu sagen. Über die historische Verläßlichkeit seines Berichtes führen Theologen kontroverse Debatten. Kritische Geister unter ihnen halten die Kindheitsgeschichten des Matthäus und des Lukas für in sich widersprüchliche, historisch ungesicherte und mit Legendenmotiven ausgeschmückte Erzählungen. Was Matthäus und Lukas zu berichten wissen, sei theologisch motiviert. Ihre Nachrichten über die Kindheit Jesu würden nur «geringen historischen Wert» besitzen. Aus den fromm-volkstümlichen Erzählungen eines Lukas und Matthäus sei über die historisch wirkliche Maria so gut wie nichts zu erfahren.

Der Bericht des Lukas über Marias Erwählung und die Empfängnis eines Sohnes ohne Mitwirkung eines Mannes gibt keine Auskunft darüber, wie es eigentlich gewesen ist. Die Erzählung des Evangelisten reflektiert vielmehr das Christusbild der christlichen Urgemeinde; als solche erschließt sie zeitgebundene Deutungen und Erfahrungen der ersten Christen; sie macht keine Angaben über historisch gesicherte Tatsachen.

In der Begegnung mit Simeon, einem gerechten und gottesfürchtigen Mann, wird Maria die schmerzliche Verheißung zuteil, daß ein Schwert durch ihre Seele dringen wird (2,35). Mittelalterliche Theologen waren der Überzeugung, daß sich unter dem Kreuz Jesu die Weissagung des Simeon erfüllt habe. Das Evangelium des Lukas enthält jedoch keinen Hinweis, aus dem hervorgeht, daß Maria bei der Kreuzigung ihres Sohnes dabei war. Zu fragen ist deshalb: Was hat sich Lukas gedacht, als er Simeon diese Weissagung in den Mund legte? Wenn Simeon von Schwertstoß spricht, bedient er sich eines Bildwortes, das in den Psalmen als Symbol der Feindschaft begegnet. Ehe er zu Maria sagte, ein Schwert werde durch ihre Seele dringen, hatte er ihr das künftige Schicksal ihres Sohnes angedeutet, indem er sagte: «Dieser [Jesus] ist dazu bestimmt, daß in Israel viele durch ihn zu Fall kommen und viele aufgerichtet werden, und er wird ein Zeichen sein, dem widersprochen wird.» Der greise Simeon wollte sagen: Als Messias werde Jesus in Israel auf Widerstand stoßen. Das Marias Herz durchbohrende Schwert verweist demnach auf Marias Leiderfahrung, die sie zu tragen hat, wenn ihr Sohn wegen seines messianischen Anspruches durch Israel abgelehnt und verworfen wird.

Der Evangelist Johannes spricht – gleich Paulus – nur von der Mutter des Herrn; ihren Namen erwähnt er nicht. Er beschreibt Maria als Symbolfigur des neuen Israel. Als solche verweist sie bei der Hochzeit von Kana (Joh. 2,1–11) auf die göttliche Sendung ihres Sohnes, in dem die Herrlichkeit Gottes offenbar wird. Als einziger Evangelist berichtet Johannes von Marias Anwesenheit unter dem Kreuz (19,25–27). Dort schildert er sie als Frau, die ihrem Sohn auf dessen Leidensweg gefolgt ist und der Torheit des Kreuzes standhält. In den Passionsberichten der Evangelisten Markus, Matthäus und Lukas findet Maria keine Erwähnung. Ob Maria die Kreuzigung ihres Sohnes in Jerusalem tatsächlich miterlebte, ist aus ihren Berichten nicht zu erfahren. Sie erwähnen nur viele Frauen, die von weitem der Kreuzigung Jesu zuschauten (Matth. 27,55). Von Jesu Jüngern ist nicht die Rede. Sie blieben dem schmachvollen Ereignis fern. Sie hatten Angst. Es waren Frauen, die Jesus bis in seinen Tod die Treue hielten. Verwandte und Bekannte, die einen zum Tod verurteilten Staatsfeind betrauerten, gingen ein hohes Risiko ein. Wer durch Zeichen und Gesten Nähe zum Hingerichteten zu erkennen gab, mußte selber damit rechnen, durch Inhaftierung, Folterung oder Hinrichtung bestraft zu werden.

Theologen, die Maria zu einer Augenzeugin von Jesu Passion machen, folgen dem Evangelisten Johannes, der zu wissen glaubt, Maria und Johannes, der Jünger, den Jesus liebte, hätten unter dem Kreuz gestanden (Joh. 19,26). Ob dies tatsächlich so war, darüber sind die Meinungen der heutigen Bibelwissenschaftler geteilt. Die einen ziehen die Verläßlichkeit der von Johannes gemachten Angaben in Zweifel und sind der Auffassung, die johanneische Nachricht von Marias Anwesenheit unter dem Kreuz könne keinen Anspruch auf Historiziät erheben, weil in den von den Evangelisten Matthäus, Markus und Lukas erzählten Passionsgeschichten Maria nicht vorkommt; andere bauen auf die Glaubwürdigkeit des von Johannes Berichteten und halten Marias Anwesenheit unter dem Kreuz für historisch möglich. Sie gehen von folgender Annahme aus: Maria, die sich in Jerusalem aufhielt, wird von den Jüngern oder durch Gerüchte von der Gefangennahme, den Gerichtsverhandlungen und der Verurteilung Jesu gehört haben. Sie wird sich dann dem Zug aus der Stadt auf den Berg Golgotha, auf dem das Kreuz errichtet wurde, angeschlossen haben, um diesem bis zur Stätte von Jesu Hinrichtung zu folgen.

Johannes gibt auch Kunde von einem Dialog zwischen Maria und ihrem am Kreuz hängenden Sohn. Zu seiner Mutter soll Jesus gesagt haben: «Weib, siehe da, dein Sohn.» Johannes soll er folgendermaßen angeredet haben: «Siehe da, deine Mutter.» (19,26–27) Der Gekreuzigte wollte Maria daran erinnern, das Leid ihres Sohnes zu bedenken. An Johannes erging die Aufforderung, sich Marias anzunehmen. Es sind menschliche Regungen und Gefühle, die hier zur Sprache kommen. Jesus sorgt sich

um seine schmerzerfüllte Mutter; Johannes, seinem Lieblings-
jünger, trägt er auf, sich fürderhin um Maria zu kümmern.

Die biblischen Befunde sind eindeutig: An der Biographie
einer un- und außergewöhnlichen Frau waren die Evangelisten
nicht interessiert. Nur Marias Rolle in der christlichen Heilsgeschichte hielten sie für erwähnenswert und überlieferungswür-
dig: Ihre göttliche Erwählung und Begnadung, die Empfängnis
ihres Sohnes durch den Heiligen Geist, ihre getreue Nachfolge
Jesu, die sie unter das Kreuz auf dem Berg Golgotha führte. Auf
diesen biblischen Wurzeln beruht das Marienbild der abendländischen Christenheit.

2. Maria in der spätantiken Kirche

Aus der Bibel, dem «Buch der Bücher», war vieles nicht zu erfahren, was Christen der spätantiken und mittelalterlichen Kirche über das Leben und Wirken Marias gerne gewußt hätten.
Fromme Imagination stillte den Wissensdurst. Die Verfasser
apokrypher Evangelien und mittelalterlicher Marienleben über-
legten und schrieben auf, was im Hinblick auf Marias Leben
biographisch möglich, historisch wahrscheinlich und theologisch vertretbar erschien. Annahmen, die erbauten, trösteten
und hoffen ließen, ersetzten urkundlich verbürgte Informationen über die wirkliche geschichtliche Maria.

Hält man sich an die Angaben des Protoevangeliums des Jakobus (nach 150), hieß Marias Mutter Anna, ihr Vater Joachim.
Beide lebten in Jerusalem. Ihre Ehe blieb lange Zeit unfruchtbar.
Annas Schwangerschaft, aus der ein Mädchen namens Mirjam
hervorging, die als junge Frau Jesus zur Welt brachte, verstand
sich deshalb nicht von selbst, sondern kam einem von Gott ge-
wirkten Wunder gleich. Über die Vorgeschichte von Marias Geburt berichtet der anonyme Autor folgendes: Joachim, ein frommer, wohlhabender Herdenbesitzer, zog sich mit seinen Tieren
in die Wüste zurück, weil die Priester von Jerusalem das Opfer

eines kinderlosen Mannes nicht hatten annehmen wollen. Eheliche Unfruchtbarkeit verursachte soziale Ächtung. Sich aus der Gemeinschaft der Glaubens- und Stammesgenossen ausgeschlossen zu fühlen, tat weh. Anna, seine Frau, war ungehalten und betrübt über ihren unfruchtbaren Schoß. Sie stimmte ein Klagelied an, das da lautete: «Meine Witwenschaft will ich bejammern, bejammern meine Kinderlosigkeit dazu.» Ihre Klage verband sie mit dem Bittruf: «O Gott unserer Väter, segne mich und erhöre meine Bitte, wie du den Mutterleib Saras gesegnet und ihr einen Sohn, den Isaak, geschenkt hast.» (1 Mos. 21, 1–3) Gott erhörte ihr Gebet. Durch einen Engel ließ er ihr ausrichten: «Anna, Anna, der Herr hat deine Bitte erhört. Du wirst empfangen und gebären, und deine Nachkommenschaft wird in der ganzen Welt genannt werden.»

Den beiden unfruchtbaren Alten geschah, wie Gott es ihnen verheißen hatte. Bereits nach sieben Monaten brachte Anna ein Mädchen zur Welt, dem sie den Namen Maria gab. Gottes Erhörung und ihre vorzeitige Geburt gaben Maria den Charakter eines Wunderkindes. Ihre Mutterpflichten erfüllte Anna mit Liebe und Sorgfalt. Im Tempel unterzog sie sich, wie es das jüdische Gesetz vorschrieb, der rituellen Reinigung. Dem Kind, das von Tag zu Tag kräftiger wurde, gab sie die Brust. Mit drei Jahren brachten es seine Eltern in den Tempel. Dort blieb Maria bis zu ihrem zwölften Lebensjahr. Historische Beweiskraft besitzen diese Angaben nicht. Der Tempeldienst von Jungfrauen widersprach den Grundsätzen des in Israel gepflegten Tempelkultes. Die kultische Tradition ließ es nicht zu, eine Jungfrau mit Tempeldiensten zu betrauen. Der apokryphe Verfasser des Protoevangeliums des Jakobus hatte Maria in den Tempel geschickt, um sie als Jungfrau erscheinen zu lassen, die, im Tempel abgeschirmt gegen den Einfluß dämonischer und teuflischer Mächte, von den Anfechtungen einer fluchbeladenen und in Sünden verstrickten Welt verschont blieb. Im Allerheiligsten des Tempels lebte Maria rein und unschuldig wie eine Taube. Engel kamen und bedienten sie mit Trank und Speise.

Als sie den Tempel verließ, wurde sie der Obhut Josefs, eines hochbetagten Mannes, anvertraut. Dieser sträubte sich zu-

nächst und lehnte es ab, Maria zu sich zu nehmen. Er tat dies
mit folgender Begründung: «Ich habe schon Söhne und bin alt,
sie aber ist ein junges Mädchen. Ich fürchte, ich werde zum Gelächter für die Söhne Israels.» Der Tempelpriester ließ jedoch
die Einwände Josefs nicht gelten. Josef beugte sich letztendlich
und nahm Maria in sein Haus. Kummer verursachte dem ge-
alterten Josef die Erkenntnis, daß die junge Frau, die er in sein
Haus genommen hatte, schwanger war. Der in seiner Ehre ge-
kränkte Ehemann brach in Tränen aus und machte sich Vorwür-
fe, als er die Schwangerschaft seiner heimgeführten Verlobten
feststellte. Als Maria, berichtet der Verfasser des Protoevangeliums des Jakobus, «im sechsten Monat war, siehe da kam Josef
von seinen Bauten, und da er in sein Haus eintrat, fand er sie
schwanger. Und er schlug sein Angesicht, warf sich nieder auf
den Sack, weinte bitter und sprach: ‹Mit welchem Angesicht soll
ich zu dem Herrn, meinem Gott, aufblicken? Was soll ich beten
ihretwegen [Marias wegen]? Denn als Jungfrau habe ich sie aus
dem Tempel des Herrn, meines Gottes, empfangen und habe
sie nicht behütet. Wer hat mich hintergangen? Wer hat diese
Schlechtigkeit in meinem Haus verübt und sie, die Jungfrau, befleckt? Sollte sich an mir die Geschichte Adams wiederholt haben? Denn wie Adam in der Stunde seines Gebets abwesend war
und die Schlange kam und Eva allein fand, sie betrog und sie so
befleckte, so ist es auch mir widerfahren.› Und Josef stand auf
von dem Sack und rief Maria und sprach zu ihr: ‹Du von Gott
Umsorgte, warum hast du das getan und hast des Herrn, deines
Gottes vergessen? Warum hast du deine Seele erniedrigt, die du
im Allerheiligsten aufgezogen wurdest und Speise aus der Hand
des Engels empfingst?› Sie aber weinte bitterlich und sprach:
‹Rein bin ich und von einem Manne weiß ich nicht.› Und Josef
sprach zu ihr: ‹Woher ist nun das in deinem Leib?› Sie aber
sprach: ‹So wahr der Herr, mein Gott, lebt, ich weiß nicht, woher mir das kommt.›»

Marias Antwort reichte offenkundig nicht aus, um Josefs
Zweifel zu zerstreuen. Deshalb entfernte er sich und überlegte,
was er mit Maria anfangen sollte. «Verberge ich ihre Sünde [des
Ehebruchs], so werde ich als einer erfunden, der gegen das Ge-

setz des Herrn streitet. Stelle ich sie bloß vor den Söhnen Israels, so fürchte ich , das, was in ihr ist, könnte von den Engeln stammen, und ich könnte so als einer erfunden werden, der unschuldig Blut dem Todesgericht ausliefert. Was soll ich nun mit ihr tun? Ich will sie heimlich von mir entlassen.» Als er diesen Entschluß faßte, überkam ihn die Nacht. Im Traum erschien ihm ein Engel des Herrn, der zu ihm sagte: «Fürchte dich nicht wegen dieses Mädchens. Denn das, was in ihr ist, entstammt dem heiligen Geist. Sie wird einen Sohn gebären, und seinen Namen sollst du Jesus heißen; denn er wird sein Volk von seinen Sünden retten». Daraufhin erhob sich Josef vom Schlaf und «lobte den Gott Israels, der ihm diese Gnade erwiesen hatte, und nahm sie [Maria] weiterhin in seine Obhut».

Die Botschaft des Engels gab Josef Gewißheit in seinem Verhältnis zu Gott. Endgültig bereinigt war damit die Affäre jedoch nicht. Mit den Augen des jüdischen Gesetzes betrachtet, stellte sie nichts weniger als einen Ehebruch dar. Josef und Maria mußten sich deshalb vor dem Hohenpriester verantworten. Dieser sagte zu der schwangeren Maria: «Warum hast du das getan? Warum hast du deine Seele erniedrigt und des Herrn, deines Gottes vergessen, die du erzogen wurdest im Allerheiligsten und Speise empfingest aus der Hand eines Engels und Lobgesänge hörtest und vor ihm tanztest? Warum hast du das getan?» Des Hohenpriesters Anklage gegen Josef lautete: «Du hast ihr Beilager gestohlen [d. h. deine Hochzeit im geheimen vollzogen] und es den Söhnen Israels nicht kundgetan.»

Um ihre Unschuld zu beweisen, mußten Maria und Josef das sog. «Prüfungswasser des Herrn» trinken, das mit der autoritativen Kraft eines Gottesurteils über den wahren Sachverhalt aufklären sollte. Das Ritual verlief folgendermaßen: Der Mann, der gegenüber seiner Frau einen begründeten Verdacht der Treulosigkeit hegte, mußte sich «mit einer Opfergabe zum Priester begeben und die verdächtige Gattin dem Priester vorstellen. Dieser nimmt das Wasser vom Heiligtum und vermischt es mit Staub vom Boden des Heiligtums in einem Tonkrug. Der verdächtigen Frau wird das Haupt entblößt und die Opfergabe in die Hand gelegt, woraufhin der Priester seine Beschwörung beginnt. Er droht ihr mit Krankheit und Verfall und schreibt alle diese Flüche auf eine Schriftrolle, die in dem Beschwörungswasser abgewaschen wird, das die Frau austrinken muß. Ist sie eine Ehebrecherin, so wirkt das Wasser verheerend. Der Bauch der Ehebrecherin schwillt auf, die Hüften schwinden, und das Weib wird ein Fluch in Israel. Ist die Frau aber unschuldig, gemeint ist hier offensichtlich: nicht schwanger, so können ihr Flüche und Wasser nichts anhaben, und damit ist ihre Unschuld erwiesen.»

Im Falle Marias brachte das Prüfungsverfahren kein sündhaftes Verhalten an den Tag. Der Hohepriester deutete den negativen Befund als Urteil Gottes, dem er sich beugte. Maria und Josef sprach er von jeder Schuld frei. Dies veranlaßte Josef, Maria für immer in sein Haus aufzunehmen. Er tat dies voll Freude und Lobpreis für den Gott Israels. Das Mißtrauen eines Ehemannes zu widerlegen, der sich hintergangen fühlte, diente apologetischen Zwecken. Josefs Zweifel, der sich nicht bewahrheitete, bestärkte ihn im Glauben an die geistgewirkte Menschwerdung Gottes im Schoß der Jungfrau. Die Absicht, Maria vom Vorwurf ehelicher Untreue zu entlasten, wirkte traditionsbildend. Der Verfasser einer um 400 entstandenen *Geschichte Josefs* (*Historia Josefi*) machte Josefs hohes Alter zu einem Argument, das es schlechterdings nicht zuließ, Josef als leiblichen Vater Jesu zu betrachten. In der *Historia Josefi* heißt es dazu: Josef, der Verlobte Marias und der Nährvater Jesu, habe die ersten vierzig Jahre seines Lebens als Junggeselle zugebracht. Dann habe er geheiratet und sei neunundvierzig Jahre lang verehelicht gewesen. Ein Jahr nach dem Tod seiner ersten Frau – mit neunzig Jahren also – habe er die zwölfjährige Maria in sein Haus genommen. Drei Jahre später habe diese Jesus zur Welt gebracht. Die Absicht dieses Berichts ist offenkundig: Es kommt dem anonymen Biographen darauf an, mit Hilfe überhöhter Altersangaben die Impotenz Josefs, des Nähr- und Pflegevaters Jesu, unter Beweis zu stellen. Josefs hohes Alter sollte die Möglichkeit einer leiblichen Vaterschaft ausschließen. Josefs neunzig Jahre dienten als theologisches Argument für die Jungfräulichkeit Marias. Ein zeugungsunfähiger Josef machte die vom Heiligen Geist herbeigeführte Schwangerschaft Marias über alle

Zweifel erhaben. Der hochbetagte Greis war ein Beweis für die körperliche Unberührtheit eines jungen Mädchens.

Mit Marias Jungfräulichkeit beschäftigten sich auch die Theologen der alten Kirche. Sie erzählten aber keine Geschichten, sondern suchten durch theologisches Nachdenken Marias besonderes Wesen zu ergründen. Sie wollten wissen, was Maria befähigte, als Jungfrau und Mutter dem von Gott gesandten Erlöser eine menschliche Natur zu geben. Frühchristliche Apologeten betrachteten Marias leibliche Mutterschaft als Zeichen für die göttliche Sendung und das wahre Menschsein Jesu. «Ja», beteuerte Justinus (gest. um 165), der Philosoph und Märtyrer, «das ist wirklich ein wunderbares Zeichen», dem die Menschheit Glauben schenken sollte, «daß nämlich von jungfräulichem Schoße der erstgeborene aller Geschöpfe Fleisch annimmt und in der Tat ein Kind wird». Irenäus von Lyon, der bedeutendste unter den Theologen des 2. Jahrhunderts, der als «Vater der katholischen Dogmatik» gilt, betonte: In der leiblichen Mutterschaft Marias habe sich erfüllt, was der Prophet Jesaja geweissagt habe (Jes. 7,14). Dieser habe nämlich prophezeit: «Seht, die Jungfrau wird ein Kind empfangen, einen Sohn wird sie gebären, und man wird ihm den Namen Immanuel geben, das heißt übersetzt: Gott mit uns.» Aus dieser von dem Evangelisten Matthäus zitierten Prophetie (Matth. 1,23) gehe klar hervor, daß «aus einer Jungfrau der Sohn Gottes geboren wurde, und daß dieser Christus der Erlöser ist, den die Propheten verheißen haben.»

Theologen des 3. Jahrhunderts bezeichneten Maria als «Gottesgebärerin», um auf den Begriff zu bringen, daß Maria die Mutter des vom Heiligen Geist gezeugten und von Gott gesandten Jesus war. Seit dieser Zeit suchten Christen Schutz und Hilfe bei Maria. Sie beteten: «Unter deinen Schutz und Schirm flehen wir, heilige Gottesmutter. Verschmähe nicht unser Gebet in unseren Nöten, sondern errette uns jederzeit aus allen Gefahren, o du glorwürdige und gebenedeite Jungfrau, unsere Frau, unsere Mittlerin, unsere Fürsprecherin. Führe uns zu deinem Sohne, empfiehl uns deinem Sohne, stelle uns vor deinen Sohne.» «Gottesgebärerin» wurde im 4. Jahrhundert zu einem vielgebrauchten marianischen Ehrentitel, um die Beziehungen zwischen Maria und ihrem göttlichen Sohn auszudrücken.

Im Jahre 431 trafen sich die Theologen der westlichen und östlichen Kirchen zu einem Konzil in Ephesus, um von Amts wegen über Marias Gottesmutterschaft zu befinden. Die in Ephesus versammelten Konzilsväter verwandelten den Würdetitel «Gottesgebärerin» in eine lehramtliche Grundaussage über die Gottesmutterschaft Marias. Eine Einigung, ob der Titel «Gottesgebärerin» Maria rechtens zukomme, konnte auf dem Konzil nicht erreicht werden. Nestorius (nach 381–451), seit 428 Patriarch von Konstantinopel, und seine Anhänger lehnten es ab, Maria ausschließlich und allein als «Gottesgebärerin» zu bezeichnen. Seine Gegner unterstellten ihm deshalb, daß er die sog. hypostatische Union, die seinsmäßige Verbundenheit der göttlichen und menschlichen Natur in dem Gottmenschen Jesus Christus, ablehne und verwerfe. Nestorius leugnete nicht die wahre Gottheit und wahre Menschheit Christi, lehrte aber, daß Christus zwei nur moralisch oder rein willensmäßig miteinander verbundene Naturen besitze. Deshalb sollte Maria nie allein Gottesgebärerin, sondern nur Gottes- und Menschengebärerin oder besser und genauer noch: Christusgebärerin genannt werden. Die Mehrheit der in Ephesus versammelten Konzilsväter lehnte diesen Vorschlag ab. Cyrill von Alexandrien, der Gegner des Nestorius, konnte mit Hilfe der Konzilsmehrheit durchsetzen, daß Nestorius als «gottloser Lehrer» für abgesetzt erklärt wurde. Umgekehrt kamen dann die Anhänger des Nestorius überein, Cyrill und seine Anhänger durch einen Bann aus der kirchlichen Gemeinschaft auszustoßen.

Eine definitive Konzilsentscheidung fiel erst zwei Jahre später. Cyrill von Alexandrien und Johannes von Antiochien einigten sich damals auf eine Formel, die festschrieb, daß auf Grund der Vereinigung der göttlichen und menschlichen Natur in der einen Person Jesu Christi «die heilige Jungfrau Gottesgebärerin» sei. Die Konzilsväter wollten Maria nicht in den Rang einer Göttin erheben, sondern für ihre enge Christusverbundenheit einen angemessenen Begriff finden. Sie wollten zum Ausdruck bringen, daß Christus seiner Gottnatur nach ewig aus dem Vater geboren wird, aus Maria hingegen als Mensch geboren wurde. Mutter Gottes konnte Maria werden auf Grund der Menschwerdung Gottes. Marias Gottesmutterschaft ist deren Wirkung, nicht deren Grund und Ursache.

In der jüngeren und älteren religionsgeschichtlichen Forschung hat man immer wieder in Erinnerung gebracht, daß es zahlreiche ägyptische Göttinnen gab, die den Titel einer Gottesmutter trugen. Isis, die auch in der Christengemeinde von Alexandrien Sympathie genoß, war die populärste unter ihnen. Als eine ihren Sohn stillende Mutter ist sie wiederholt mit Maria verglichen worden. Ein solcher Befund lasse Maria als eine christlich umbenannte Göttin Isis erscheinen; nur einige erotische Motive des Isismythos habe sie abgestreift. Andere Gottheiten des Mittelmeerraumes – wie Kybele und Artemis, Astarde und Demeter – tragen als höchste Gottheiten den Titel «Große Mutter». Ihre Mütterlichkeit zeigte sich nicht zuletzt darin, daß von ihnen lebenspendende und fruchtbringende Wirkungen ausgingen. Eben diese Mutter- und Fruchtbarkeitsgöttinnen habe Maria beerbt. Die christliche Marienfrömmigkeit beruhe deshalb auf einem Marienmythos. Vertreter der sog. Religionsgeschichtlichen Schule haben im 19. Jahrhundert versucht, eine direkte Abhängigkeit der Erzählungen des Matthäus und Lukas über die Empfängnis und Geburt Jesu von mythologischen, in Ägypten und im Vorderen Orient verbreiteten Vorstellungen und Geschichten nachzuweisen. Der historische Beweis für eine unmittelbare Abhängigkeit steht jedoch noch aus. Die erzielten Ergebnisse besitzen den Charakter von Vermutungen, Annahmen und Thesen.

Stets von neuem wird die Meinung vertreten, daß der Maria zugedachte Titel «Gottesgebärerin» aus dem Kult der Göttin Artemis stamme, die in Ephesus als Mutter und Jungfrau verehrt wurde. Überzeugende Beweise für eine ungebrochene Kontinuität zwischen dem ephesinischen Artemiskult und der altkirchlichen Marienverehrung sind anhand der überlieferten Quellen nicht zu führen. Der Zeitabstand zwischen dem Ende des Artemiskultes im 3. nachchristlichen Jahrhundert und der Kirchenversammlung zu Ephesus im Jahre 431 ist erheblich.

Hinzu kommt, daß durch ein Religionsedikt des Kaisers Theodosius im Jahre 380 die Pflege heidnischer Kulte streng untersagt
wurde. Und nicht zuletzt: Es war nachweislich Cyrill von Alexandrien, der den für Maria vorgesehenen Theotokos-Titel aus
Ägypten mitgebracht hatte.

Unbestritten ist, daß in den religiösen Vorstellungen und kul-
tischen Ritualen der spätantiken Kirche Parallelen zu nicht-
christlichen Religionen mit Händen zu greifen sind. Der Erfolg
der christlichen Mission hing nicht zuletzt davon ab, daß es der
Kirche gelang, bekehrungswilligen Heiden Heilsangebote zu
machen, die hinter denen ihrer alten Religion nicht zurückblie-
ben. Mission machte Anpassungen, Umdeutungen und Rezep-
tionen erforderlich. Von Fall zu Fall zu prüfen bleibt, ob mit der
Übernahme von Formen auch die Übernahme von Inhalten ein-
herging. In marianische Gebete und Hymnen fanden Bilder und
Bezeichnungen Eingang, die aus Anrufungen und Preisungen
heidnischer Götter und Göttinnen übernommen wurden. Der
Gedanke der Fruchtbarkeit blieb bis ins späte Mittelalter und
in die beginnende Neuzeit eine Komponente der marianischen
Frömmigkeit, Kunst und Poesie. Maria, die als Ährenjungfrau
ein mit sprossendem Korn geziertes Gewand trägt, verweist sowohl auf die Fruchtbarkeit der Felder als auch auf ihr eigenes
Wesen. Theologen beschrieben dieses als Acker und «guten Boden», der den von Gott ausgestreuten Samen, sein ewiges Wort,
aufnahm, wachsen ließ und hundertfache Frucht hervorbrachte.
Maria ist selber fruchtbar, verhält sich aber nicht wie eine zweite Demeter, die als Bauerngöttin und Kornmutter dafür sorgt,
daß die Erde Frucht bringt, und als die Patronin des weiblichen
Geschlechts den Schoß der Frauen fruchtbar macht, ihn empfangen und gebären läßt. Marias Fruchtbarkeit hatte eine spiri-
tuelle Dimension; sie beruhte auf der Akzeptanz des göttlichen
Willens. Dies schloß aber nicht aus, daß Christen des späten
Mittelalters marianische Gnadenstätten aufsuchten, um Fruchtbarkeit für ihre Ehen zu erbitten, oder daß Bürger von Florenz,
wenn Regen ausblieb und die Feldfrüchte zu verdorren drohten, das Marienbild von Impruneta durch die Stadt trugen, um
gutes Wetter zu erwirken. Solche Befunde zeigen: Theologie und

Frömmigkeit gingen mitunter getrennte Wege. Nicht alle Formen religiöser Praxis ließen sich durch theologische Argumente begründen und rechtfertigen.

Dennoch: Es gibt gravierende Unterschiede zu den heidnischen Kulten. Maria tritt in der Bibel als geschichtliche Person in Erscheinung. Hält man sich an die Berichte der Evangelisten, dann ist Maria keine Erdmutter, keine Korn- und Getreidegöttin, keine Sonnen- oder Mondfrau, keine Liebes- oder Fruchtbarkeitsgöttin, kurzum: keine mythische Figur, die in einer heiligen Hochzeit von einem Gott geschwängert wurde und als Frucht dieser Liebesbeziehung ein gott-menschliches Wesen zur Welt brachte. Sie wird in der Bibel auch nicht als Archetyp des Weiblichen und Mütterlichen geschildert, obschon in der christlichen Marienfrömmigkeit Marienbilder begegnen, die Maria zum Inbegriff des Weiblichen und Mütterlichen machen.

Lukas erreicht in seinem Bericht über die Gottesbotschaft, die Gabriel an Maria aus Nazaret überbrachte, ein Maß an Rationalität, das mythischem Denken und Erzählen fremd blieb. Lukas beschreibt die durch den Engel übermittelte Anfrage Gottes als geschichtlichen, zeitlich und räumlich genau bestimmbaren Vorgang. In Nazaret tritt kein Gott auf, der eine Frau überwältigt, sondern ein Engel, der im Auftrag seines Gottes Handlungsspielräume für Rede und Gegenrede, für Fragen und Antworten eröffnet. Marias Ja zu den Absichten Gottes ist freie Glaubenstat, nicht erzwungene Zustimmung. Mirjam, die jüdische Frau und Mutter, hat keinen Gott zur Welt gebracht, sondern, wie das Konzil von Ephesus formulierte, das menschgewordene Wort Gottes (den Logos) dem Fleische nach geboren. Jesus ist kein mythologisches Götterwesen; er ist ein wahrer Mensch. Der «Sohn Gottes» ist der «Sohn der Maria».

Dennoch lassen sich die Paradoxien des christlichen Glaubensbegriffs nicht in Lehrstücke umschreiben, deren Wahrheitsanspruch durch vernunftgemäße Beweisverfahren erhärtet werden kann. Die Kirche lehrte: Maria hat einen Sohn zur Welt gebracht, der einen göttlichen Auftrag erfüllte, dem als Wundertäter übernatürliche Fähigkeiten zugeschrieben wurden und den Gott nicht dem Tode anheimgab, sondern drei Tage nach seiner

Kreuzigung zu neuem, ewigem Leben erweckte. Der Gott der Christen machte die Geschichte zum Ort seiner Selbstmitteilung und seines Heilshandelns. Die Offenbarungen und Heilstaten eben dieses Gottes bleiben eingebunden in eine Heils- und Offenbarungsgeschichte, die Glauben gebietet und sich vernünftiger Einsicht entzieht. Zum Begründer einer Weltreligion wurde nicht der historische, vorösterliche Jesus, über den wir nicht allzuviel wissen, sondern der nachösterliche, theologisch gedeutete Christus, den seine Jünger und die Frauen, die sich ihm angeschlossen hatten, als ihren Retter, Befreier und Erlöser erfuhren. Mit Maria verhält es sich nicht anders. Geschichte gemacht hat Maria nicht als Frau aus Nazaret, die sich zu ihrer sozialen Niedrigkeit bekannte, sondern als symbolische Gestalt, die Sehnsüchte, Erwartungen und Bedürfnisse christlich denkender und lebender Menschen erfüllte.

3. Intellektuelle Fähigkeiten:
Konnte Maria lesen und schreiben?

Nachdenken über die Lesefähigkeit und den Lektürekanon der Gottesmutter setzte im Mittelalter mit der Frage ein, was Maria tat, als der Engel Gabriel kam, um ihr Gottes Botschaft zu verkünden.

Ist auf den Glauben mittelalterlicher Frommer Verlaß, trug der himmlische Bote seine Nachricht schriftlich bei sich. Gott hatte Vorsorge getroffen; auf der unendlich langen Erdenreise des Engels sollte kein Wort der heilsbedeutsamen Botschaft verlorengehen. Fromme Einbildungskraft formte das Bild eines Engels, der mit beiden Händen eine eng beschriebene Urkunde umfaßte, als er in Nazaret in das Gemach der von Gott erkorenen Gottesbraut eintrat. Gottvater hatte den Text diktiert; der Heilige Geist hatte ihn geschrieben; der göttliche Sohn hatte es übernommen, den Inhalt dieser brieflich übermittelten Botschaft auf Erden zu verwirklichen. Die Echtheit des für die Rettung des Menschengeschlechtes grundlegenden Schriftstücks verbürgten die Petschaften der hochheiligen Dreifaltigkeit, drei aus Rotwachs hergestellte Siegel. Schriftlichkeit garantierte die Authentizität der göttlichen Botschaft.

Was sich nach dem Zeugnis der Bibel mündlich abspielte, wurde auf Bildern des späten Mittelalters als eine durch Schriftlichkeit geprägte Form der Mitteilung dargestellt. Erbauliche Absicht, zeitgebundene Erfahrungen und biblische Reminiszenzen brachten einen Bild- und Erzähltypus hervor, der Fragen aufwirft: Konnte Maria überhaupt lesen? Fühlte sie sich als einfache, ungebildete Frau durch die Lektüre des Himmelsbriefes nicht überfordert, so daß ihr der Engel den himmlischen Ratschluß vorlesen mußte?

Die Verfasser der Evangelien beschreiben Maria als «Magd des Herrn» (Luk. 1,38), die sich die Intentionen Gottes zu eigen machte, nicht als gebildete, lesehungrige, intellektuell anspruchsvolle Frau. Der Evangelist rühmt ihre soziale Niedrigkeit, deretwegen sie von Gott erwählt wurde, Mutter des Erlösers zu werden. In der Welt, in der Maria aufwuchs, bedingten sich soziale Niedrigkeit und Analphabetentum wechselseitig. Den Töchtern der Niedriggeborenen, Kleinen und Verachteten blieben die Bildungseinrichtungen der Schriftgelehrten und Pharisäer verschlossen.

Zeitlicher Abstand brachte neue Sichtweisen hervor. Weder die Kirchenväter noch die Verfasser mittelalterlicher Marienleben wollten sich mit dem Gedanken anfreunden, daß Maria ein literaturloses Leben geführt habe. Die niedrige Magd des Herrn verwandelten sie deshalb in eine hochgeborene Liebhaberin von Büchern. Bereits als Tempeljungfrau, beteuerten spätantike und frühmittelalterliche Theologen, habe sich Maria mit den Schriften des Alten Bundes befaßt, insbesondere mit den Büchern des Mose, den Verheißungen der Propheten und dem Psalter Davids. Dichter, Maler und Bildhauer des Mittelalters machten aus Maria eine Frau, die, als der Engel zu ihr kam, den Psalter las. Der Abstand zwischen Tatsachen und Fiktionen ist evident. Aber auch das, was objektiv falsch ist, gibt zu erkennen, wie es eigentlich gewesen ist. In Bildern, Symbolen und

Geschichten artikulierten Menschen des Mittelalters, was sie beschäftigte, bewegte und beunruhigte.

Am Anfang der Legendenbildung um die lesende Maria steht ein unscheinbares, literarisch und theologisch folgenreiches Detail, mit dem Otfrid, ein Benediktinermönch aus der Abtei Weißenburg im Unterelsaß, die Biographie Marias bereicherte. In seinem um 860 abgefaßten *Evangelienbuch* berichtet er nämlich, Maria habe gerade im Psalter gelesen, als ihr Gabriel mitteilte, sie sei von Gott zur Mutter seines Sohnes erwählt worden. Otfrids Schilderung entbehrt biblischer und patristischer Belege. Er erweiterte die seitherige Tradition, die dem apokryphen Protoevangelium des Jakobus gefolgt war. Dessen anonymer Autor behauptete: Maria habe, als der Engel bei ihr eintrat, Scharlach- und Purpurgarn gesponnen, das sie für einen Tempelvorhang verweben wollte. Damit wollte er andeuten, daß im Augenblick der Engelsbotschaft Christus in Maria wie in einem Tempel Wohnung nimmt, so wie Gott in dem Allerheiligsten des Tempels gegenwärtig ist, das durch einen Vorhang abgegrenzt und verhüllt ist.

Otfrid sah dies anders. Maria, die aus königlichem Geschlecht geborene Jungfrau, sitzt in einem Gemach ihrer Burg in Bethlehem und liest den Psalter. Die Verkündigungssituation schildert er so:

> Der Engel betrat das erhabene Gemach und fand
> sie voll Trauer,
> den Psalter in Händen,
> den sie von Anfang bis Ende zu singen pflegte,
> damit beschäftigt, schöne Stoffe herzustellen
> aus kostbarem Garn, wie es ihre liebe Gewohnheit war.

Wer Otfrids Bericht ganz wörtlich nimmt, dem drängt sich die Vorstellung auf, daß Maria zugleich gelesen und gewoben habe. Die Annahme, daß Otfrid durch die Verbindung von Psalterlektüre und Webarbeit die von Maria vorbildlich verwirklichte Einheit zwischen tätigem und kontemplativen Leben veranschaulichen wollte, ist nicht von der Hand zu weisen. Wirkungsgeschichtlich blieb jedoch Otfrids Synthese von *vita activa* und *vita passiva*, von aktivem und betrachtendem Leben, ohne Belang. Künstler und Literaten des hohen und späten Mittelalters vereinfachten die vielschichtige Botschaft Otfrids. Sie fanden nur noch Gefallen an der lesenden Maria.

Der Weißenburger Benediktinermönch Otfrid hat aus Maria, der biblischen «Magd des Herrn», eine psalterlesende Frau gemacht. Zur «Nachfolge Marias», die in vielen lebensweltlichen Situationen zum Buch griff, gehörte seitdem das Lesen heiliger Schriften. Lesend angetroffen hat sie der Engel der Verkündigung; zum Buch griff sie im Stall von Bethlehem, nachdem sie entbunden hatte; die Schrift ausgelegt hat sie im Kreis der Apostel, als der Heilige Geist in Gestalt feuriger Zungen vom Himmel kam; gelesen hat sie auf dem Esel, der sie nach Ägypten brachte. Hoch- und spätmittelalterliche Marienleben entwarfen das Bild einer lesenden, nicht einer schreibenden Frau. Ein solcher Befund braucht nicht zu überraschen. Nicht alle, die im Mittelalter des Lesens mächtig waren, konnten auch schreiben. Lesen zu können, setzte nicht voraus, daß man auch schreiben konnte. Die «Kunst des Schreibens» mußte eigens erlernt werden. Spätmittelalterliche und frühneuzeitliche Tafelbilder zeigen, wie Mutter Anna ihrer Tochter Maria das Lesen lehrt. Daß Mutter Anna ihrer Tochter Maria auch Schreibunterricht erteilte, war kein Thema der Literatur und kein Gegenstand der bildenden Kunst.

Dennoch: Der lesenden Maria wurde langfristig zugetraut, daß sie auch schreiben kann. Dies belegt die Darstellung von Schreibzubehör auf Verkündigungstafeln des 15. und frühen 16. Jahrhunderts. Die von Maria benutzten Schreibgeräte bestanden, wenn man sich an das Zeugnis der Bilder hält, aus einem kleinen Futteral für die Feder und einem angehängten Tintenfäßchen. Ihr Schreibpult ist mit deutlich sichtbaren Schubladen ausgestattet, in dem sich Schriftstücke unterbringen lassen. Verwaltete, wie der Genueser Erzbischof Jacobus de Voragine (1226–1298) beteuerte, Maria in der himmlischen Hofhaltung das Amt einer Kanzlerin, die für die Ausfertigung von Gnadenbriefen zuständig war, mußte sie auch schreiben können. Spätmittelalterliche Maler bildeten das Gerät und das

Mobiliar ab, deren Maria bedurfte, um das ihr von Jacobus von Voragine zugedachte Amt einer Kanzlerin ausüben zu können.

Im späten Mittelalter und in der frühen Neuzeit kamen Briefe ans Tageslicht, von denen behauptet wurde, Maria habe sie mit eigener Hand geschrieben. In Messina wurde in einer Kapelle der Kirche «Maria vom Brief» (Maria della Lettera) ein Brief aufbewahrt, den Maria an die Einwohner von Messina geschickt haben soll. Hält man sich an den Wortlaut des Briefes, haben Bürger von Messina Gesandte nach Jerusalem geschickt, die Maria um ihren Schutz bitten sollten. Marias Antwortschreiben, ursprünglich in griechischer Sprache abgefaßt, später ins Lateinische übertragen, beginnt mit den Worten: «Die Jungfrau Maria, des Joachims Tochter, die demütige Dienerin Gottes und Jesu Christi, aus dem Stamme Juda, aus dem Geschlecht Davids, denen, die sich befinden zu Messina, Heil und Segen Gottes des Allwaltenden.» Maria bestätigt, das Schreiben der Messiner erhalten zu haben. Sie lobt ihr Bekenntnis zur Menschwerdung Gottes in ihrem Sohn Jesus Christus und zu seiner Himmelfahrt. Deshalb, so ihre Zusage, segne sie die Stadt; sie wolle ihr eine ständige Beschützerin sein. In welchem Jahr Marias Brief an die Bürger von Messina abgefaßt wurde, ist ungewiß. Sein Explicit nennt das Jahr 42 n. Chr

Die Verehrung des Marienbriefs setzte im späten Mittelalter ein. In der mariologischen Literatur des 16. und 17. Jahrhunderts wird der Brief immer wieder erwähnt. Im 17. und 18. Jahrhundert wurde er gedruckt und an Pilger verteilt. Dies verschaffte ihm in ganz Europa einen hohen Bekanntheitsgrad. Papst Benedikt XIV. (1675–1758) erinnerte in seinem Traktat über die *Selig- und Heiligsprechung* (*Doctrina de servorum Dei beatificatione et beatorum canonizatione*) an Briefe, die Maria an Ignatius sowie an die Städte Messina und Florenz geschrieben hat. Er berichtet: Die Auffindung des von der Gottesmutter nach Messina geschickten Briefes würde man dort feierlich begehen. Päpste hätten die Verehrung des Marienbriefes mit dem Erwerb von Ablässen ausgestattet. Dem Traktat Benedikts XIV. ist außerdem zu entnehmen, daß sich Klerus und Bürgerschaft von Messina in der Absicht an den Papst gewandt hatten, die öffentliche Verehrung des Briefes noch stärker zu fördern. Sie wollten von Benedikt XIV. wissen, ob Aussicht bestehe, von der Ritenkongregation für die Stadt Messina eine eigene Messe und ein eigenes Offizium zu erhalten, deren Lesungen Marias Brief an die Stadt Messina zum Inhalt haben. Der Vorsitzende der päpstlichen Glaubens- und Ritenkongregation ließ jedoch keine Bereitschaft erkennen, einem solchen Ansinnen stattzugeben. Man solle es bei dem jetzigen Zustand belassen und von einer liturgischen Rangerhöhung des herkömmlichen Festrituals absehen. Der oberste römische Glaubenshüter tat dies auch deshalb, weil er von der Echtheit des in Messina verehrten Marienbriefes nicht überzeugt war.

An marianischen Gnadenstätten war es Brauch, an Maria Bittbriefe zu schicken und ihr schriftlich Dank abzustatten, wenn sie erfüllte, worum sie gebeten worden war. Solche Bitt- und Dankesbriefe wurden an dem jeweiligen Wallfahrtsort gemeinhin zu Füßen des Gnadenbildes niedergelegt oder in eigens dafür aufgestellte Briefkästen gesteckt. Das Archiv der Benediktinerabtei Einsiedeln bewahrt über 3000 solcher Briefe auf. Die meisten Bittsteller sind Soldaten des Ersten Weltkrieges. Wann der Brauch aufkam, an Maria Briefe zu schicken, ist nicht mit Sicherheit auszumachen. Die ältesten Belege für «Briefflin», die von bittstellenden Wallfahrern an Marienbildern und Votivgaben befestigt oder auf dem Gnadenaltar niedergelegt wurden, stammen aus dem späten 15. und beginnenden 16. Jahrhundert.

Wenn Prediger und Theologen des Mittelalters und der frühen Neuzeit sich über die lesende und schreibende Maria Gedanken machten, berührten sie unausgesprochen auch immer Fragen der zeitgenössischen Frauenbildung. Den lateinischen Psalter lesen zu können, gehörte zur adligen Frauenbildung des Mittelalters. Im Umgang mit lateinischen Psalterhandschriften lernte das junge Mädchen aus adliger Familie die Anfangsgründe des Lateinischen, auch wenn es nicht ins Kloster ging und Nonne wurde. Die zahlreichen kostbar illuminierten Psalterhandschriften, die sich aus der Zeit des hohen Mittelalters erhalten haben, waren zum großen Teil für Frauen bestimmt. Ihre Männer konnten, mit einem eisernen Harnisch gepanzert, auf

Schlacht- und Turnierrossen Körperkraft und Mannesmut beweisen, lesen konnten sie gemeinhin nicht, geschweige denn
schreiben. In der Plastik des hohen Mittelalters tragen adlige
Frauen – gleich Maria – als Attribut häufig einen Psalter in ihren
Händen. In der zeitgenössischen Epik wurde mancher hohen
Frau nachgerühmt: «Jede Nacht, bis es Tag wird, liest sie in ihrem Psalter.» Um das fromme Verhalten adliger Frauen zu beschreiben, heißt es vielfach: «Sie trug einen Psalter in der Hand»
oder «kniend las sie im Psalter».

Minnesänger waren nicht davon angetan, wenn sich Frauen
ständig mit den frommen Gesängen Davids befaßten. Psalterlektüre störte ihrer Auffassung nach den Lebensstil eines welt-
freudigen, auf Liebe und Eros bedachten Rittertums. «Herzens-
geliebte, meine Königin», nörgelte ein der Frömmigkeit seiner
hohen Dame nicht sonderlich zugetaner Rittersmann, «willst Du
eine Betschwester, eine ‹Psalterfrau› sein?» Liebesdurstige Männer fühlten sich zurückgesetzt und vernachlässigt, wenn Frauen
zum Psalter griffen; bildungshungrige Frauen wollten lesen.

Die lesende Maria diente Frauen des frühen und hohen Mittelalters als Vorbild für eine Lebensführung, zu der Bücher ge-
hörten. Maria konnte diese Vorbildfunktion für Frauen des
Adels nur deshalb wahrnehmen, weil Bibelausleger des Mittelalters ihren sozialen Rang erheblich erhöht hatten. Maria, die
Frau des Zimmermanns aus Nazaret, wurde in den Stammbaum
König Davids eingerückt. Adliges Ehrgefühl sperrte sich gegen
die Vorstellung, Maria, die Nachfahrin eines Königsgeschlechts,
sei eine Analphabetin gewesen, die nicht lesen konnte. Unter
dem Einfluß zeitgebundener Leitbilder des Adels verwandelte
sich die einfache, mit einem Handwerker verlobte Frau in eine
hochgeborene, gebildete Dame.

Im Auge zu behalten ist auch dies: In der Bildungs- und Sozialgeschichte des späten Mittelalters blieb das Wechselverhält-
nis zwischen hoher Abstammung und höherer Bildung keine
dauerhafte Konstante. Literarisierungsprozesse und soziale
Strukturveränderungen lockerten und sprengten die Verklam-
merung zwischen adliger Geburt, Bildung und Buchlektüre.
Eine aus dem 13. Jahrhundert stammende Beispielerzählung

veranschaulicht dies in einprägsamer Anschaulichkeit. Diese erzählt von einer Bauerntochter, die ihren Vater vergeblich um einen Psalter bittet. Was aber der Bauer nicht vermag, tut Maria. Sie händigt dem Mädchen nicht nur einen Psalter aus, sondern gibt ihm auch die Fähigkeit, ihn zu lesen. Der Beispielerzähler benutzt eine Wundergeschichte, um darzutun, daß der Zugang zur Welt der Bücher nicht als Standesprivileg hoch- und edelgeborener Frauen zu betrachten ist, sondern allen frommen Frauen – unabhängig von ihrer sozialen Schichtzugehörigkeit – offenstehen soll.

Maria erfüllte langfristig die Funktion eines ständeübergreifenden Bildungsideals. Geistig aufgeschlossene Frauen, denen das Lesen als standeswidrige oder theologisch bedenkliche Form geistiger Betätigung verwehrt wurde, schufen sich in der lesenden Maria eine Symbol- und Legitimationsfigur. Zur Lebensform von Frauen, die sich Maria zum Vorbild nahmen, gehörte das Lesen der Heiligen Schrift. Wer Marias Menschlichkeit ernst nahm, hatte kein Argument, Frauen schwachen Verstand und flatterhaftes Gemüt zu unterstellen, die sie zum selbständigen Erwerb geistlichen und weltlichen Wissens unfähig machten.

Gleichwohl: Es gab im Mittelalter Theologen, die dies anders sahen. Auf die Frage, ob auch Frauen Theologie studieren und in die Geheimnisse der Heiligen Schrift eingeweiht werden sollen und dürfen, gab der Dominikaner Heinrich von Gent zu Anfang des 13. Jahrhunderts folgende Antwort: «Niemand soll in dieser Wissenschaft unterrichtet werden, es sei denn, daß er mit ihren Geheimnissen vertraut sein sollte, damit er sie anderen gegenüber öffentlich überzeugend ausführen und Gegnern gegenüber verteidigen könne. Dies steht einer Frau nicht zu: Es ist ihr nicht erlaubt, in der Öffentlichkeit Unterricht zu geben … Wegen der Schwäche ihres weiblichen Verstandes ist es ihr sogar nicht möglich, die dazu erforderliche Vollkommenheit in dieser Wissenschaft zu erreichen; im Gegenteil, wenn sie sich in die Verborgenheiten dieser Kenntnis vertiefen sollte, dann würde sie durch Irrgang eher rückwärts gehen, als daß sie vorwärts ginge.» Ein kluger Gelehrter werde einer Frau von dieser Wissenschaft nur dasjenige erklären, «was für sie nötig und zuträglich ist und nichts weiter, auch wenn sie mehr davon erfahren wollte. Denn Frauen sind darauf begierig, Dinge zu wissen, die ihnen nicht nützlich sind ... Darum: Sehr unvernünftig handeln jene, die Frauen Unterricht geben, außer über das, was für sie angebracht und förderlich ist, vor allem aber handeln sie unvernünftig, wenn sie ihnen die Geheimnisse der Heiligen Schrift auslegen oder ihnen diese in der Volkssprache zu lesen geben.»

Herkömmliche Voreingenommenheiten bewährten sich als wirksamer Hemmschuh, wenn es darum ging, Frauen als gleichberechtigte Partner an Prozessen des Wissens- und Bildungserwerbs teilhaben zu lassen. Dennoch ist die Entstehung religiösen Schrifttums in der Volkssprache, das die Literaturlandschaft des späten Mittelalters nachhaltig veränderte, vornehmlich auf geistige und religiöse Interessen von Frauen zurückzuführen. Volkssprachliche religiöse Schriften entstanden dort, wo eine weibliche Leserschaft selber lesen und selber schreiben wollte. Ein breites weibliches Lesepublikum formierte sich seit der Mitte des 13. Jahrhunderts. Frauen, die mit ihresgleichen ein geistliches Leben führen wollten, bildeten damals religiöse Gemeinschaften, die aus Gründen der Seelsorge und der Sakramentenverwaltung den Anschluß an die großen Ordensverbände suchten. Das Buch- und Leseinteresse dieser frommen Frauen (*mulieres religiosae*) ließ ein breit gefächertes religiöses Schrifttum in der Muttersprache entstehen, das in seiner Bildkraft und in seinem mystischen Gehalt auf die Erlebnis- und Empfindungswelt von Frauen zugeschnitten war.

Frauen, die im hohen und späten Mittelalter viel oder nur lesen wollten, gingen ins Kloster. Frauen vermögender Edelherren und reicher Bürger, die sich für Literatur interessierten, erwarben Stundenbücher, den Psalter oder eine volkssprachliche Bibel. Berufsrollen, die lesenden und lehrenden Frauen materielles Auskommen gesichert hätten, waren in der Ordnung der mittelalterlichen Gesellschaft nicht vorgesehen. Öffentliche Lehre, geschweige denn öffentliche Predigt, war Frauen untersagt. Für die biblische Rechtmäßigkeit einer solchen Exklusion, die allenthalben die gängige Praxis bestimmte, konnte immer noch die Autorität des Apostels Paulus bemüht werden, der die Korinther eindringlich ermahnt hatte: «Wollen Frauen etwas lernen, sollen sie zu Hause ihre Männer fragen.» (1 Kor. 14, 35)

Wie die Angesprochenen auf derartige Vorhaltungen reagierten, ist schwer zu sagen. Aus ihren Stellungnahmen entstand kein literarisches Erzähl- und Überlieferungsgut. Christine de Pisan (1364–1430), die hellwache, des Gedankens und der Schrift mächtige Gattin eines Notars am Hof des französischen Königs, früh verwitwet und Mutter von drei Kindern, zählt zu den wenigen, die es wagten, aus dem Dunstkreis sprachloser Anonymität herauszutreten und auszusprechen, was anderen nicht über die Lippen ging. Den von Männern erhobenen Vorwurf, «daß es für Frauen unschicklich sei, gebildet zu sein, weil es ja nur wenige von ihnen sind», konterkarierte sie so: Für Männer sei es noch viel weniger schicklich, «ungebildet zu sein, weil es ja viele von ihnen sind». Christine beharrte auf der «Ebenbürtigkeit männlicher und fraulicher Intelligenz». Gott, argumentierte sie, habe auch «den weiblichen Verstand für das Verstehen, Analysieren und Memorieren aller begreifbaren Dinge gemacht». Bildungsunterschiede zwischen Männern und Frauen seien gesellschaftlicher Natur. «Wäre es üblich, die kleinen Mädchen eine Schule besuchen und sie im Anschluß daran, genau wie die Söhne, die Wissenschaft erlernen zu lassen, dann würden sie genauso gut lernen und die letzten Feinheiten aller Künste und Wissenschaften ebenso mühelos begreifen wie jene.»

Christine de Pisan kleidete ihre Kritik an den Ungereimtheiten der weltlichen Bildungsgesellschaft in den Entwurf einer *Frauenstadt* (*Cité des Dames*), in der Frauen sich uneingeschränkt der «süßen Lust des Wissens und Lernens» hingeben können. Errichtet werden sollte diese Frauenstadt auf dem «Feld der Literatur», «einem fetten und fruchtbaren Boden», auf dem «alle Früchte wachsen, sanfte Flüsse fließen und die Erde überreich ist an guten Dingen jeglicher Art». Christines Utopie sollte für Frauen erreichbar machen, was diesen das zeitgenössische Bildungswesen vorenthielt: selbständige Aneignung

von Wissen, subjektive Suche nach Heil, Selbstfindung durch
Lektüre. Als Schutzpatronin für ihre «Cité des Dames» wählte
sich Christine die Jungfrau Maria aus. Sie wird gewußt haben,
weshalb sie dies tat.

4. Emotionen:
Hat Maria geweint und gelacht?

Wem Leid widerfährt und wer Mitleid empfindet, drückt seinen
Schmerz in Tränen aus. Wer sich von Herzen freut, kann lachen.
Hat Maria geweint? Hat sie gelacht? Hatte sie für ihre Gefühle
eine Körpersprache, die sie befähigte, ihre innere Bewegtheit in
körperlichen Gesten auszudrücken?

Als Schmerzensmutter beweint Maria ihren Sohn, dessen
Leichnam nach seiner Kreuzabnahme auf ihrem Schoß liegt. In
Bildern, Skulpturen und Reliefs wurde dieses Motiv immer wieder dargestellt. Als «Beweinung Christi» bildete es eine eigene
Station auf dem Kreuzweg Christi. In der weinenden Gottesmutter spiegelt sich eine zunehmende Emotionalisierung der
christlichen Frömmigkeit. In den Schriften des Neuen Testaments kommt Maria, die aus Mitleid Tränen vergießt, nicht vor.
Hält man sich an die Angaben des Evangelisten Johannes, hat
Maria nicht einmal unter dem Kreuz geweint. Für ihre schmerzhaften Gefühle, die der Gottesmutter Tränen ins Gesicht trie-
ben, hat sich der Evangelist nicht interessiert. Der Kirchenvater
Ambrosius war derselben Auffassung. Auch er wollte der Gottesmutter unter dem Kreuz keine Träne gestatten. «Ich lese», betonte Ambrosius unter Berufung auf den Evangelisten Johannes
nachdrücklich, «daß jene [Maria] stand; ich lese nicht, daß sie
weinte».

Früh- und hochmittelalterliche Bibelausleger machten aus
Simeons Schwert (Luk. 2,35) einen biblischen Beleg für die
Schmerzen, die Maria unter dem Kreuz hatte erdulden müssen.
«Weint getreue Seelen» ruft Maria in einer um 1200 entstan-
denen Klage den Gläubigen zu, um mit ihr über das Leiden

ihres Sohnes und auch über ihr eigenes Leid zu weinen. Der Verfasser dieser in Frankreich entstandenen Marienklage wendet sich insbesondere an Frauen, die aus eigener Erfahrung wissen, wie einer Mutter zumute ist, wenn ihrem Kind Leid widerfährt, und deshalb am besten Marias Schmerz nachfühlen können.

Jacopone da Todi (1230–1306), ein tüchtiger Jurist und begnadeter Poet, der nach dem Tod seiner Frau als Laienbruder in den Franziskanerorden eintrat, dichtete das *Stabat mater dolorosa*, einen Leidenshymnus von tief empfundener Eindringlichkeit. Palestrina, Pergolesi, Haydn, Rossini, Dvořák und Verdi, die sich von dem Text anrühren und inspirieren ließen, haben ihn vertont. Welcher Mensch, so die suggestive Frage des Stabat mater bricht nicht in Tränen aus, wenn er Maria in ihrer Not unter dem Kreuz sieht?

> Wer könnt' ohne Tränen sehen
> Christi Mutter also stehen
> in so tiefen Jammers Not?
>
> Wer nicht mit der Mutter weinen,
> seinen Schmerz mit ihrem einen,
> leiden bei des Sohnes Tod?

Maria, die «Quelle der Liebe», sollte den Beter des Hymnus bewegen, die Macht ihres Schmerzes nachzuempfinden.

> Gib o Mutter, Born der Liebe,
> daß ich mich mit dir betrübe,
> daß ich fühl' die Schmerzen dein.
>
> Daß mein Herz von Lieb' entbrenne,
> daß ich nur noch Jesus kenne,
> daß ich liebe Gott allein.
>
> Ach, das Blut, das er vergossen,
> ist für mich dahingeflossen,
> laß mich teilen seine Pein.
>
> Laß mich wahrhaft mit dir weinen,
> mich mit Christi Leid vereinen,
> solang mir das Leben währt.

Sich mit Maria eins zu wissen, sollte das Herz des frommen Betrachters zur Liebe zum Gekreuzigten entflammen. Die Verfasser marianischer Passionshymnen waren der Überzeugung, daß der Nachvollzug von Marias Mitleiden zu vorbehaltloser Hingabe an Christus, den menschgewordenen und gekreuzigten Gottessohn, anspornt. Nach dem Elend in dem irdischen Jammertal, so ihre einhellige Überzeugung, werden diejenigen, die sich zum mystischen Einswerden mit dem leidenden Gottesknecht bewegen lassen, «ouch wol lachen». Wenn nämlich Christus zum Gericht kommt, werden sie an den durch ihn bewirkten «vreuden vrstende» Anteil haben.

Maria als weinende Frau zu beschreiben, ermöglichte die Vorstellungskraft von Theologen, die – wie Anselm von Canterbury, Gottfried von Admont und Aelred von Rievaulx – seit Anfang des 12. Jahrhunderts der Auffassung waren, aus Marias schamhaften Augen seien, als sie ihren gekreuzigten Sohn erblickte, Quellen, Ströme und Flüsse von Tränen geflossen. Sich über emotionale Befindlichkeiten der Gottesmutter Gedanken zu machen, entsprach einem verstärkten Interesse an der Menschlichkeit der Frau aus Nazaret, die dem Erlöser des Menschengeschlechts eine leibhaftige Natur gegeben hatte.

Im *Planctus ante nescia*, einer Sequenz des Gotfrid von St. Viktor in Paris (um 1125/1130–nach 1194), sagt Maria zu dem am Kreuz hängenden Christus: «Sohn, einzige Süße, einzigartige Freude, schau auf deine weinende Mutter, verschaffe ihr Trost.» In dem fiktiven Dialog zwischen der Gottesmutter und dem Theologen Anselm von Canterbury sagt Maria einleitend, niemand könne ohne Vergießung von Tränen über die Passion berichten. Vieles, was sich da abgespielt habe, sei beweinenswert. Die Jünger hätten ihr unter Tränen von Jesu Gefangennahme berichtet. Auf die Frage Anselms an Maria, ob sie bei der Passion geweint habe, antwortete diese sinngemäß: Grund zum Weinen hätte sie eigentlich nicht gehabt, weil sie wußte, daß ihr Sohn diesen Leidensweg gehen mußte, um die vom Fluch der Sünden niedergedrückte Menschheit zu erlösen. Dennoch habe sie geweint «wegen des mütterlichen Mitgefühls». Habe doch damals, als sie unter dem Kreuz stand, das «Schwert des Schmerzes», das ihr Simeon prophezeit hatte, ihre Seele durchbohrt. Nach der Abnahme von Jesu Körper vom Kreuz habe sie sein Haupt in ihren Schoß gelegt und bitterlich zu weinen begonnen. Das zwischen Pseudo-Anselm und Maria stattgehabte Gespräch bringt ein Spannungsverhältnis zur Sprache, das für spätmittelalterliche Marienklagen charakteristisch ist. Menschliches Mitgefühl läßt in Tränen ausbrechen; Wissen um die Heilsabsichten Gottes macht das Kreuz zu einem Zeichen erlösender Hoffnung, die nicht mit Trauer, sondern mit Freude erfüllt.

Um das Weinen Marias zu einer besonders intensiven Ausdrucksform ihrer Leid- und Schmerzerfahrungen zu machen, behauptete der Verfasser der *Vita beatae virginis Marie et salvatoris rhythmica*, eines um 1230 in Reimpaarversen abgefaßten Marienlebens, es seien blutige Tränen gewesen, die Maria vergossen habe. Wenn Klosterfrauen im späten 15. Jahrhundert über Situationen nachdachten, die Maria Leid verursachten, stellten sie sich vor, daß die Gottesmutter ihre schmerzhaften Empfindungen stets durch Tränen zum Ausdruck brachte. Als Simeon im Tempel der Mutter Jesu weissagte, daß ein Schmerz durch ihre Seele dringen wird (Luk. 2,35), habe ein großer Schmerz Marias Herz durchschlagen. Mit «wainunten augen» habe sie Simeon Vorhaltungen gemacht. Er habe ihr alle Freude genommen, die ihr Jesu Geburt bereitet habe. Nunmehr müsse sie gewärtig sein, daß seine Prophetie in jedem Augenblick und zu jeder Stunde Wirklichkeit werden könne. Das «ander swert des smerczen» habe die Jungfrau Maria verletzt, als sie ihren zwölfjährigen Sohn bei der Wallfahrt zum Paschafest nach Jerusalem verloren hatte. Mit «smerczen vn wainen» hätten ihn Maria und Josef gesucht. Das dritte Schwert habe Marias Seele durchbohrt, als sie von Johannes von der Gefangennahme Jesu erfuhr. Die schlimme Kunde habe sie in Ohnmacht versetzt. Johannes und Marias Schwestern hätten die von unsäglichem Schmerz getroffene Maria «wainunt» nach Jerusalem geleitet, wo sie, um ihren Sohn zu sehen, «pitterlich wainunt» vor dem Haus des Kaiphas gewartet habe. Als Maria unter dem Kreuz stand, durchdrang sie das vierte Schwert. Das fünfte Schwert sei über sie gekommen, als der Leichnam ihres Sohnes vom Kreuz genommen wurde. Da habe sie ihr «wainunds angesicht» auf das Antlitz ihres Sohnes gedrückt. Weil niemand, der die klagende Maria sah, seine Tränen zurückhalten konnte, hätten auch die anwesenden Frauen zu weinen begonnen. Die «wainunden» Frauen hätten dann die «wainund mueter» in das Haus des Johannes gebracht.

Zu Anfang des 14. Jahrhunderts hat sich das Vesperbild mit Maria als Schmerzensmutter, die ihren Sohn auf ihrem Schoß trägt, als eigenständiger Bildtypus herausgebildet. Das «trawrige mariabild» bringt das Verhältnis zwischen einer Mutter und ihrem Sohn, der das Opfer brutaler Gewalt wurde, in eine von Gefühlen des Mitleids geprägte künstlerische Gestalt. Die Pietà visualisiert Trauer, Leid und Schmerz. Seinen Namen verdankt das Vesperbild dem kirchlichen Stundengebet, dessen sieben Gebetszeiten sieben Ereignissen der Passion zugeordnet wurden. Die Abendandacht («Vesper») sollte an die Beweinung Christi erinnern, eine in der Bibel nicht bezeugte Situation zwischen Kreuzabnahme und Grablegung Jesu, in der Maria den Leichnam ihres Sohnes auf dem Schoß hielt, ihn umarmte und beweinte.

Seit dem ausgehenden 14. Jahrhundert regten sich unter Predigern und Theologen auch immer wieder Stimmen, die davor warnten, in der Verkündigung und auf bildhaften Darstellungen Marias Leid zu übertreiben. Ungezügelte Trauergebärden waren mit dem Gedanken christlicher Trauer nicht zu vereinbaren. Christen sollten maßvoll trauern und auf exaltiertes Pathos verzichten.

Prediger und Theologen des späten Mittelalters und der frühen Neuzeit fürchteten, daß eine Maria, die unter dem Kreuz in Tränen und lautes Wehgeschrei ausbricht, sich einer Körpersprache bedient, die an blindes Heidentum erinnert. Die um ihren Sohn trauernde Maria sollte nicht untröstliche Niedergeschlagenheit, sondern moralische Kraft, Geduld und Hoffnung ausstrahlen, um Christen ein Beispiel wahrhaft christlicher Trauer zu geben. Marias Leid sollte glaubwürdig bleiben. Über-

triebenes Pathos und grelle Expressivität bewirkten das Gegenteil.

Auch im 17. und 18. Jahrhundert bestand unter Predigern
über das Verhalten Marias bei der Passion keine Einhelligkeit.
Prokop von Templin (1608–1680), der auf dem Maria-Hilf-
Berg in Passau den Wallfahrern predigte, hielt es mit der heroi-
schen Maria und zeichnete das Bild einer starken Frau, die bei
der Passion nicht «heulete und greinete». Ihr «vnaussprech-
liches Mitleiden» habe sie mit «heroischer Tapfferkeit» verbunden. Als «vnerschrockene Heldin» habe sie «nicht das geringste
Zeichen eines perturbirten / oder vnruhigen verwineten Ge-
muehts mit Heulen oder Schreyen von sich gegeben». Frater
Balduin, der ehemalige Abt von Fürstenfeldbruck, meinte in seinem 1718 erschienenen *Mariale*: Das Schweigen des Johannes
über die Tränen Marias unter dem Kreuz habe damit zu tun,
daß in dem Augenblick, als er die Schmerzen Marias habe
beschreiben wollen, ihn «eine solche Menge der Schmerzen
Mariae überfallen» habe, «daß er nicht wußte / von welchem
[Schmerz] er anfangen sollte, ist also gantz darueber erstummet
/ und lieber nichts / als etwas weniges davon geredet». Unter Berufung auf den hl. Germanus (653–733), den Patriarchen von
Konstantinopel, versicherte er: «Die seeligste Jungfrau hat der-
massen bitterlich geweinet / daß sie nach häuffig ausgegossener
Zaeher-Regen / endlich auch Blut geweinet / und blutige Zaeher
vergossen hat.»

Hält man sich an die Äußerungen von Predigern und Chronisten, hat nicht nur Maria geweint; geweint haben auch Marienbilder. Zu einer politisch folgenreichen Angelegenheit wurden
die Tränen, die ein Marienbild im ungarischen Máriapócs (Maria Pötsch) zwischen dem 14. November und dem 8. Dezember
1696 vergoß. Die wunderbaren Tränen weckten das Interesse
Kaiser Leopolds, der, nachdem er die Echtheit des Tränenwun-
ders hatte überprüfen lassen, ein Jahr danach das weinende
Muttergottesbild nach Wien in die kaiserliche Hofkirche und
dann in den Stephansdom hatte übertragen lassen. Bereits im
Jahre 1698 erschien ein emblematisches Mirakelbuch, das ausführlich über den Tränenfluß des Bildes informierte und diesen

zum Gegenstand erbaulicher Betrachtungen machte. Auf die Frage, «wie die Thraenen aus der Bildnuß Mariae» zu deuten seien, gibt das Buch folgende Antwort: Durch die Tränen habe Maria zu verstehen geben wollen, «wie grosse Strafe Gottes ueber uns verhaenget gewesen», die sie durch ihre Fürsprache dann abzuwenden verstand. Die aus dem Bild geflossenen Tränen seien eine Ermahnung gewesen, unsere Tränen mit denen Marias zu vereinen, «auf daß der wohlverdiente Zorn Gottes gemildert / die bevor gestandene Gefahr und Straff abgewendet moechte worden seyn».

Mit der Hochschätzung des weinenden Marienbildes verbanden dessen Verehrer nicht nur Hoffnungen auf geistliche Gnaden; sie erwarteten auch konkrete Hilfen. Die Erfahrung sollte ihnen recht geben, wurde doch der siegreiche Ausgang der Schlacht bei Zenta am 12. September 1697, in der die Türken vernichtend geschlagen wurden, mit dem aus Maria Pötsch nach Wien überführten Marienbild in einen ursächlichen Zusammenhang gebracht. Gott habe sich nämlich durch die «muetterlichen Thraenen Mariae» erweichen lassen, den «gerechten Kayserlichen Waffen solchen Sieg und Triumph wider die Feinde des Namens Christi» zu verschaffen. Bei der Übertragung des Marienbildes von der kaiserlichen Hofkirche nach St. Stephan sei dieses deshalb mit einer türkischen Fahne geschmückt worden, weil die ehrenvolle Eroberung dieser Flagge aus Marias «Zaeher-Fluß, den zugegossenen marianischen Thraenen entsprossen» sei.

Schwitzende und weinende Muttergottesbilder, die seit dem Mittelalter die christliche Frömmigkeitsgeschichte begleiten, gaben frommen Vorstellungen eine sinnlich wahrnehmbare Realität. Im Erfahrungshorizont einer Welt, in der alles vernünftig zugeht, nehmen sich die Tränen weinender Marienbilder als Produkte mangelnder Spiritualität und übersteigerter Wundersucht aus. Bisweilen waren auch Betrüger am Werk, die listenreich konstruierten, was fromme Gemüter gerne sehen wollten. Zu diesem Zweck statteten sie Marienskulpturen mit Mechanismen aus, die aus Marias Augen Wassertropfen rollen ließen. Tatsache bleibt, daß es im Mittelalter und in der frühen Neuzeit

Menschen gab, die sich Maria unter dem Kreuz nur als weinende Frau vorstellen konnten. Denk- und Anschauungsformen spätmittelalterlicher und frühneuzeitlicher Passionsmystik gaben menschlichem Mitleid eine Sprache. In Marias Tränen fanden christliche Fromme auch ihr eigenes Leid ausgedrückt und gedeutet. Was die Gottesmutter erduldet hatte, gab menschlichem Leid einen Sinn. Marias Geduld, ihre Leidensbereitschaft und ihre Standhaftigkeit bestärkten in der Hoffnung, daß sie für ihre Verehrer vor dem göttlichen Richterstuhl wirksame Fürsprache einlegt.

Maria, sich der Schwächen und Gebrechen der menschlichen Natur bewußt, lehrte Mitleid. Mittelalterliche Autoren rechneten ihre Gesinnung selbstlosen Mitleidens zu jenen beispielgebenden Handlungen der Menschlichkeit, die Maria in ihrem Leben vollbracht hatte. Die antike Stoa verherrlichte den leidenschaftslosen Menschen, dem Mitleid, Schmerz und Trauer fremd und zuwider waren. Friedrich Nietzsche sah sich außerstande, Mitleid als erstrebenswerte Tugend zu betrachten. Mitleid kam seiner Auffassung nach einer Aufwertung schwachen, kranken Lebens gleich, das eine solche Wertschätzung nicht verdient. Nur starkes, gesundes und heroisches Leben empfand er als werthaft. Marias Mitleid war alles andere als ethisch verordnete Sorge und Teilnahme, es hatte seinen Grund im Leiden am Leid des anderen. Maria lebte vor, was Mitleid eigentlich ist und sein soll: Sympathie und Mitgefühl mit dem anderen, dem Leid zustößt.

Hat Maria auch gelacht? Die Verfasser mittelalterlicher Marienleben schilderten Maria als ausnehmend disziplinierte Frau. Sie redete wenig, um unnötiges und überflüssiges Geschwafel zu vermeiden. Müßiggang war ihr fremd. Sie war ununterbrochen beschäftigt – sei es mit häuslicher Arbeit, sei es mit Gebet und geistlicher Lektüre. Wenn sie sich außerhalb ihres Hauses auf den Straßen von Nazaret bewegte, ließ sie ihre Augen nicht zuchtlos umherschweifen, sondern richtete sie auf den Boden. In einem solchen Marienbild war Fröhlichkeit, die in Lachen umschlug, nicht unterzubringen.

Dem Verfasser der *Vita beate virginis Marie et salvatoris rhythmica* aus der Mitte des 13. Jahrhunderts ist der Nachweis, daß Maria ausnehmend selten zu lachen pflegte, immerhin achtzehn Verse wert. Wenn Maria lachte, so der Autor, habe sich nie das Zwerchfell bewegt. Hemmungsloses, schallendes Lachen habe ihrem Wesen zutiefst widersprochen. Zu albernen Scherzen und spöttischem Gelächter über Schwächen anderer habe sie sich nie hinreißen lassen. Gelacht habe sie mit anderen nur dann, wenn Gelegenheit bestand, sich über eine gute Tat zu freuen. Den Mund hielt sie dabei geschlossen, und ihre Augen riß sie nicht auf. Ihr Lachen war ein schamhaftes Lachen.

Herzhaft lachen konnte Maria deshalb nicht, weil dies die Grundsätze asketischer Lebensführung nicht zuließen. Lachen war für die Alte Kirche und das frühe Mönchtum kein menschlicher Wert. Um Lachen als unchristliche Verhaltensform zu charakterisieren, hat der Kirchenvater Augustinus eine einprägsame Formel gefunden. Er sagte nämlich: «Es lachen die Menschen, es weinen die Menschen, und daß die Menschen lachen, muß man beweinen.» Christliche Moralisten waren schnell bei der Hand, Fröhlichkeit und Lachen mit sündhafter Weltbejahung gleichzusetzen.

Christusnachfolge verpflichtete zum Weinen, nicht zum Lachen. Christus, so der griechische Kirchenvater Chrysostomus (354–407), habe nach dem Zeugnis der Bibel drei Tage und drei Nächte lang geweint; die Heilige Schrift berichte aber mit keiner Silbe darüber, daß er auch gelacht habe. In seiner Bergpredigt hatte er denen, die jetzt lachen, prophezeit, daß sie dereinst weinen und heulen werden (Luk. 6,25). Die Zeit des Lachens hatten Christen noch vor sich. Sie war ein endzeitliches Phänomen und blieb deshalb ein Gegenstand gläubiger Hoffnung. Deshalb konnte Jesus den Weinenden verheißen: «Selig seid ihr, die ihr jetzt weinet, denn ihr werdet lachen» (Luk. 6,21). Der Kirchenvater Hieronymus (um 347–419/20) konstatierte: «Solange wir im Tal der Tränen sind, dürfen wir nicht lachen, sondern müssen weinen.» Mönchstheologen rühmten die Gabe der Tränen; ein Charisma des Lachens war mit den Grundsätzen asketischer Lebensführung nicht zu vereinbaren. Nur der Narr, der in seiner dumm-dreisten Überheblichkeit behauptet, es gebe keinen Gott, breche in schallendes Gelächter aus. Der Mönchsvater Benedikt wollte nur maßvolles Lachen zulassen. «Albernes und zum Lachen reizendes Geschwätz» (Regula Benedicti 4,8) hat er strikt verboten.

Den Disput, den mittelalterliche Mönche über das Verbot und die Erlaubtheit des Lachens zu führen pflegten, hat Umberto Eco in seinem Roman *Der Name der Rose* mit treffenden Strichen nachgezeichnet. Der greise Klosterbibliothekar Jorge von Burgos, ein kompromißloser Verfechter asketischer Mönchstradition, beteuert da: «Die Komödien wurden von Heiden geschrieben, um die Leute zum Lachen zu bringen, und das war schlecht. Unser Herr Jesus hat weder Komödien noch Fabeln erzählt, ausschließlich klare Gleichnisse, die uns allegorisch lehren, wie wir ins Paradies gelangen, und so soll es bleiben!» William von Baskerville, ein gebildeter, weltoffener und menschenfreundlicher Franziskaner aus England, kontert: «Ich frage mich, warum Ihr so abweisend gegen den Gedanken seid, daß Jesus gelacht haben könnte. Ich für meinen Teil halte das Lachen durchaus für ein gutes Heilmittel, ähnlich dem Baden, um die schlechten Körpersäfte und andere Leiden des Körpers zu kurieren, insbesondere die Melancholie.» Dem fügt er bekräftigend hinzu: «Und Johannes von Salisbury [ca. 1115/1120–1180] hat eine maßvolle Heiterkeit ausdrücklich erlaubt.»

Letzteres trifft in der Tat zu. Aber erheblich mehr haben Theologen der großen Bettelorden dazu beigetragen, aus Fröhlichkeit und Lachen Verhaltensformen zu machen, die sich mit der christlichen Ethik in Einklang bringen lassen. Die lächelnde, heiter gestimmte Maria ist eine Errungenschaft franziskanischer und dominikanischer Theologen, die dem Körper des Menschen die Fähigkeit zutrauten, Bewegungen des Geistes und des Herzens durch körperliche Gesten sinnlich erfahrbar zu machen. Für den Franziskaner David von Augsburg (um 1200/1210–1272) zählte es zu den Selbstverständlichkeiten christlicher Anthropologie, daß sich innere geistliche Freude – er spricht von der «großen Heiterkeit des Geistes» – in «sicht-

baren Zeichen der Heiterkeit» ausdrückt. Zu diesen sichtbaren Zeichen rechnete er auch das Lachen. Thomas von Aquin
(1225–1274) argumentierte so: Äußere Körperbewegungen –
wie Spiel, Scherz und Lachen – sind tugendhafte Handlungen,
wenn sie als «Zeichen einer inneren Disposition» gelten können, die sich an die sittlichen Grundsätze der natürlichen Vernunft gebunden weiß. Deshalb plädierte Thomas für die christliche Legitimität von Scherz und Lachen, für das Recht der Ent-
spannung und Erholung. Denn: Der einem gespannten Bogen
vergleichbare menschliche Geist erschlaffe, wenn er ständig an-
gespannt sei. Der Augustinereremit Aegidius Romanus (um
1243–1316) war denn auch nicht mehr bereit, die Welt als ein
Tal der Tränen zu definieren, in dem es keinen Grund zum Lachen gibt. Er empfahl das Lachen als Heilmittel zur Vertreibung
der Traurigkeit und machte es den Menschen zur Pflicht, Freude
mit Bedacht zu suchen, zu erleben und zu genießen. Zu lachen
wurde, wie es Aristoteles gedeutet hatte, zu einem Zeichen von
Menschlichkeit.

Ein solcher Normwandel veränderte auch das Bild Marias.
Marienfrömmigkeit im Wirkungsbereich der Bettelorden blieb
nicht auf die tränen- und schmerzensreiche Maria unter dem
Kreuz beschränkt. Durch die franziskanische und dominikani-
sche Mystik kehrte Freude und Wohlbehagen in die Heilige Familie ein. In der heiteren Gestimmtheit, mit der sich Maria ihren
franziskanischen Verehrern offenbarte, griff ein anderes Lebens-
gefühl Platz.

5. Marias Körper:
«Deine Brüste sind süßer als Wein»

Als Joris-Karl Huysmans (1848–1907), der französische Ro-
mancier und Symbolist, in den neunziger Jahren des 19. Jahrhunderts nach Frankfurt kam, versäumte er nicht, die Stae-
delschen Sammlungen zu besuchen. Zu den unvergleichlichen
Wunderwerken, die seiner Ansicht nach dieses Museum krönen

und eine Reise nach Frankfurt lohnenswert erscheinen lassen, rechnete er insbesondere die «Madonna des Meisters von Flémalle [= Robert Campin], die ihr Kind säugt». In diesem Bild der stillenden Maria seien nämlich künstlerisch gestaltete Körperhaftigkeit und mystische Innigkeit auf unnachahmliche Weise miteinander verwoben. Marias Körper habe der Meister von Flémalle zu einer Ausdrucksform göttlicher Vollkommenheit gemacht. Seine Frankfurter Madonna «ist in keiner Weise unkörperlich, abgezehrt oder filigranartig, wie so viele andere Madonnen der Primitiven; sie ist fleischig und stark; sie ist auch kein junges Mädchen, sondern eine junge Mutter, und die milchgeschwellte Brust, an der das Kind saugt, versucht nicht, uns zu täuschen, die natürliche Beredsamkeit der Mutterschaft einzuschränken und sie auf die Einsilbigkeit der Jungfrauen und die elegante Bündigkeit neuer, frischer Reize zurückzuführen. Sie ist ein echtes Weib, sehr hübsch, sehr vornehm, trotz der Derbheit ihrer Leibesbeschaffenheit, sehr patrizisch durch die Feinheit ihrer Züge und die schlanke Magerkeit ihrer langen Finger. So hat der Maler dem Verfahren einer billigen Verdünnung kein Opfer gebracht, um den Begriff des Göttlichen wachzurufen, ist er den irdischen Verhältnissen der Konturen nicht ausgewichen und, trotzdem er der strengste Realist blieb, ist es ihm darum nicht minder gelungen, ein Weib zu malen, das, trüge es auch keinen Heiligenschein um sein Haupt und kein aureolengeschmücktes Kind in den Armen, doch keine andere sein könnte als die jungfräuliche Mutter, als die Miterlöserin eines Gottes.»

Huysmans bewunderte an der im Frankfurter Staedel ausgestellten stillenden Gottesmutter des Meisters von Flémalle die Einheit von schöner Form und mystischer Spiritualität. Theologen, Maler und Bildhauer der alten und mittelalterlichen Kirche hatten die stillende Gottesmutter als theologisches Beweismittel für die Menschlichkeit Jesu betrachtet. Sich über die Mutterbrust Marias und die Säuglingsnahrung Jesu Gedanken zu machen, stand im Dienste der Glaubensbegründung und Glaubensverteidigung. Mutterbrust und Muttermilch dienten als Beweise für das wahre Menschsein Jesu. Marias Brüste erfüllten die Funktion eines theologischen Beweismittels, demzufolge Jesus

Maria, die dem Jesuskind die Brust gibt («Maria lactans»). Im Bild der stillenden Maria vergewisserte sich die spätantike Kirche der Menschlichkeit Jesu. In der Zeit des Mittelalters sollten sich Frauen an Maria ein Beispiel nehmen. Als fürsorgliche Mutter hat sie ihr Kind selber gestillt und nicht zu einer Amme gegeben. – Dieric Bouts (1410/1420– 1475) und Werkstatt. Foto: AKG, Berlin

einen echten, von einer Frau herrührenden menschlichen Körper besaß. Die frühchristlichen Apologeten versicherten unter Berufung auf Maria: Christus, der von Maria geborene Messias, besaß weder – wie die Gnostiker behaupteten – einen leidensunfähigen Scheinleib, noch hatte er bei seiner Herabkunft vom Himmel Teile von der Substanz des Alls übernommen und sich daraus einen Leib gebildet.

Was Marias Brüsten außerdem verstärkte Aufmerksamkeit verschaffte, waren altkirchliche Gedanken- und Traditionsströme, die, biblischen Metaphern folgend, Maria als Quelle von Heil, Leben und Weisheit bezeichneten. Der Verfasser des ersten Petrusbriefes hatte seine Leser aufgefordert, auf «vernünftige, lautere Milch» begierig zu sein (1 Petr. 2,2). Altkirchliche Bischöfe verwandelten die allgemein gehaltene biblische Mahnung in eine Aufforderung, aus den Brüsten Marias Milch des Heils zu trinken. «Denn», so versicherte Bischof Theodor von Ankyra (gest. vor 446) in einer Predigt, «bei ihr ist die Quelle des Lebens, bei ihr sind die Brüste der geistigen und unverfälschten Milch». Ohne die Symbolkraft einer von Gott begnadeten Frau, die gleich Isis, der ägyptischen Muttergottheit, stillte, nährte und beschützte, waren Heiden für die christliche Religion nicht zu gewinnen. Die neue Religion mußte Anschluß an die alte gewinnen, wenn sie diese widerlegen wollte; sie mußte vergleichbare und gleichermaßen wirksame Hilfs- und Heilsangebote machen, um Menschen bei der Bewältigung ihrer alltäglichen Lebensprobleme zu helfen. Texte spätantiker koptischer Theologen und Lieder, die in der koptischen Kirche des frühen Mittelalters gesungen wurden, priesen das gemeinsame Fleisch, das Maria und Christus miteinander verbindet. In einem solchen Hymnus heißt es: «Du, Maria, beugtest deinen Hals und ließest dein Haar über ihn [Jesus] fallen … Er streckte seine Hand aus, er nahm deine Brust und er saugte mit seinem Mund die Milch, welche süßer ist als reines Manna.»

Die religiöse Metaphorik der aus weiblichen Brüsten fließenden Milch blieb aber nicht allein auf Maria beschränkt. Bereits Jahwe, der Gott Israels, hatte seinem in ägyptischer Knechtschaft schmachtenden Volk versprochen, es zu befreien und in ein Land zu führen, in dem Milch und Honig fließen (Ex. 13, 5; Dtn. 11, 9; 31, 20). Mit der Vorstellung von Milch und Honig verband das Volk Gottes Vertrauen in die Verläßlichkeit einer göttlichen Zusage, die es in seiner Hoffnung auf eine glückliche, von Mühsal und Unterdrückung befreite Zukunft stärkte.

Für das «Land der Verheißung» gab es in der patristischen Exegese verschiedene Deutungsangebote. Tertullian (gest. nach 220) verstand unter dem gesegneten Land zum einen die Jungfrau Maria; zum anderen sah er in ihm einen Hinweis auf den Leib Christi. Hippolyt war der Auffassung, die Segnung des Landes Josefs durch den Herrn (Dtn. 33,13) sei auf Maria zu beziehen, «welche war das gesegnete Land». Andererseits konnte er sagen: Das gesegnete Land sei «nichts anderes» als Christus selbst und zwar deshalb, weil er, «geboren von der Jungfrau und vom Heiligen Geist, allen Segen des Herrn empfing». Auf Christus treffe zu, was Gott seinem Volk verheißen habe: «Ich werde euch das Land geben, das von Milch und Honig überfließt, das ich euren Vätern zu geben versprochen habe.» (Ex. 13,5; Dtn. 11,9; 31,20)

Von Milch aus Marias Brüsten ist in diesen Deutungen einer alttestamentlichen Allegorie, in denen es um die geistliche Bedeutung von Land, Milch und Honig geht, nicht die Rede. Das braucht nicht zu verwundern. Die Metaphern des geistigen Ernährens und geistlichen Stillens waren in den ersten frühchristlichen Jahrhunderten theologisch, christologisch und ekklesiologisch besetzt. Clemens von Alexandrien (gest. vor 215) sprach von den Brüsten Gottvaters, den Brüsten Christi und den Brüsten der Mutter Kirche, nicht von denen Marias. Christus bezeichnete er als «Milch von den Brüsten des Vaters». Die «Milch der Erlösung» ist für ihn gleichbedeutend mit dem Blut Christi; sie kommt nicht von Maria, sondern von dem göttlichen Vater in Gestalt des göttlichen Sohnes. Es ist die Mutter Kirche, aus deren Schoß wir geboren sind und von deren Milch wir ernährt werden. «Die Kirche», beteuert Clemens von Alexandrien, «ruft als Mutter und Jungfrau ihre Kinder zusammen, um sie zu ernähren mit einer heiligen Milch, mit dem Logos in Kindesgestalt.»

Erweitert und vertieft wurde die theologische Metaphorik von Marias Brüsten durch die mariologische Auslegung des Hohenliedes. In dieser altorientalischen Liebesdichtung, die die frühchristliche Kirche in den Kanon ihrer Heiligen Schriften aufnahm, erfindet der Liebhaber ständig neue Metaphern, um die Schönheit seiner Geliebten in Worte und Bilder zu fassen. Ins Schwärmen kommt er, wenn er ihre Brüste beschreibt. Sie seien «süßer als Wein» (Hoheslied 1,1). Sie erinnerten ihn an Gazellen, von denen, wenn sie in hohem Gras äsen, gerade noch ihre Rücken zu sehen sind. «Deine Brüste sind wie zwei Kitzlein, wie die Zwillinge einer Gazelle, die in den Lilien weiden.» (4,5; vgl. auch 7,4) An anderer Stelle schreibt er: «Wie eine Palme ist dein Wuchs; deine Brüste sind wie Trauben.» (7,8) Er wünscht sich: «Trauben am Weinstock seien mir deine Brüste.» (7,9)

Bibelausleger des 12. Jahrhunderts entdeckten in der Braut des alttestamentlichen Hohenliedes eine Präfiguration der Gottesmutter Maria. Eine solche Sichtweise verwandelte den Liebesdialog in ein Zwiegespräch zwischen Christus und seiner Mutter Maria. Schwer ließ sich bei dieser Deutung übersehen, daß die beiden Liebenden des Hohenliedes nicht nur ihre Seelen, sondern auch ihre Körper suchten. Wollten die Interpreten des Hohenliedes ihren Auslegungsprämissen treu bleiben, waren sie gehalten, auch in der erotischen Beredsamkeit der sich liebenden Körper einen geistlichen Sinn zu finden. Die Brüste der Gottesmutter in theologische Symbole zu verwandeln, erzeugte in ihnen weder Peinlichkeitsgefühle noch Berührungsängste. Unbefangen und einfühlsam gestalteten sie die Sprache der Liebenden um in eine Sprache geistlicher Liebeskunst. Derartiges Reden von Maria schöpfte aus einem reichhaltigen Vorrat an Liebesvorstellungen und Liebeserfahrungen, in denen der Bezug zum Körperlichen stets gegenwärtig war.

Ausleger des Hohenliedes unterschieden, wenn sie über die Heilsbedeutung Marias nachdachten, zwischen einer «körperlichen» und einer «geistlichen» Mutter. Mit ihren «körperlichen Brüsten» habe Maria durch «körperliche Milch» ihren Sohn ernährt, um Skeptikern gegenüber den Nachweis zu erbringen, daß Jesus keinen Scheinleib, sondern einen wirklichen menschlichen Körper besaß. Mit ihren «geistlichen Brüsten» nähre Maria die wahren Gottesanbeter, das gläubige Volk der Kirche, die Kinder und Söhne Jesu. Maria sei willens, die nach Erlösung verlangende Menschheit ohne Unterlaß mit ihrer «Milch der Güte» zu versorgen.

Bischof Bruno von Segni (1040/50–1123) identifizierte die beiden Brüste der im Hohenlied beschriebenen Braut mit den beiden Testamenten. Die süße Milch ordnete er dem Neuen Testament zu, den Wein dem Alten. In den beiden Kitzlein, mit denen der hebräische Liederdichter die Brüste der Braut verglichen hatte, erblickte er einen Hinweis auf Juden und Heiden. Die Brüste der Kirche seien schön; die der Synagoge seien es nicht, weil diese ihre Söhne mit schwarzer Milch und schmutzigem Bodensatz, d. h. mit Irrtümern ernähre. Die Kirche gebe ihren Kindern Milch zu trinken; die Synagoge hingegen mache ihre Hurensöhne mit Wein trunken. Die Brüste der Kirche würden sowohl Milch als auch Wein enthalten. Mit Milch ernähre sie die Einfältigen, mit Wein versetze sie die Weisen in Ekstase, gebe ihnen Weisheit und erfreue ihr Herz. In die Auslegung des italienischen Bischofs mischten sich judenfeindliche Töne. Ausleger des Hohenliedes, die Maria als Repräsentantin des Judentums betrachteten, charakterisierten die Juden als Brüder Marias.

In der Auslegung des Hohenliedes wurden Liebes- und Körpererfahrungen symbolfähig für religiöse Geheimnisse. Der spätmittelalterlichen Frauenmystik blieb es vorbehalten, die im Namen Evas diffamierte Körperlichkeit weiblicher Existenz zu einer Quelle spiritueller Erfahrung zu machen. In ihrem *Fließenden Licht der Gottheit* läßt Mechthild von Magdeburg (um 1208–1282/97), die des Lateins nicht mächtige Begine und spätere Zisterzienserin im Kloster Helfta, Maria sagen: Als Mutter der von Elend und Sünde geschlagenen Menschheit seien ihre Brüste «vol der reinen milch der waren milten barmhezekeit». Mit dieser Milch des Erbarmens habe sie bereits vor ihrer Geburt die Propheten gestillt. Als Frau, Jungfrau und Mutter aus Nazaret habe sie mit ihren Brüsten Jesus, ihren Sohn, ernährt, desgleichen «gottes brut», die ganze damals lebende Christenheit. Ihr Verlangen nach Marias Nähe und Beistand kleidet

Marias Körper 55

Mechthild in die Bitte: «Vrovwe, noch must du úns soegen, wan dine brúste sint noch also vol, das dú nut maht verdruken wol» (Frau, noch mußt du uns säugen, denn deine Brüste sind noch so voll, daß du den Reichtum deiner Milch nicht mit Gewalt zurückzuhalten vermagst). Texte und Lesarten, deren suggestive Bildkraft auf sinnlich erfahrener Körperlichkeit beruhte, erschlossen Zugänge zur Welt des Göttlichen. Solche Frömmigkeit, die theologische Bildung und Erfahrungen menschlicher Leiblichkeit miteinander verknüpfte, entzweite nicht Körper und Seele.

Mechthild hatte auch darum gebeten, daß Maria am Jüngsten Tag, wenn ihr Sohn wiederkommt, um Gericht zu halten, mit ihrer Milch ihre Verehrer und Verehrerinnen säuge. Die Mystikerin brachte zur Sprache, was in der ersten Hälfte des 13. Jahrhunderts herrschender Glauben war: Wenn nämlich Maria im Endgericht ihrem Sohn ihre entblößten Brüste zeige, bewirke sie für ihre Schutzbefohlenen Befreiung von Sünde und Schuld. Die Kraft ihrer Fürbitte machte sie zur Köngin der Barmherzigkeit. Ihre «Brüste der Barmherzigkeit» und ihre «Milch der Barmherzigkeit» ließen hilfesuchende Sünder und Verehrer hoffen, durch ihre Fürsprache Schutz und Rettung vor der ewigen Verdammnis zu finden.

Sogenannte «Gottesplagenbilder», die zeigen, wie der strafende Gottvater Pfeile des Unheils auf die sündige Menschheit schleudert, bestärkten mittelalterliche Fromme in dem Vertrauen, daß Gott die Menschheit vor Pest, Hunger und Krieg bewahrt, wenn ihm Maria ihre Brust zeigt. Als brustweisende Fürbitterin wurde Maria überdies dargestellt, wenn sie nach dem Tod eines Menschen zusammen mit ihrem Sohn bei Gott interveniert oder im Endgericht gemeinsam mit Johannes dem Täufer vor Christus Fürsprache einlegt. Marias fürbittende Rolle, wie sie sich im Zeigen ihrer Brust symbolisch ausdrückt, findet in den Schriften des Neuen Testaments keinen Rückhalt. Die Ausbildung einer solchen Vorstellung geht vielmehr auf die Einbildungskraft gläubiger Frommer zurück, die als Gegengewicht zu dem strengen Richtergott nach einer gnadeheischenden Advokatin verlangten. Sie findet ihre weltliche Entsprechung in der

Rechtspraxis mittelalterlichen «Gnadebittens», durch welches
Fürbitter Richter zur Milde zu bewegen suchten. Frauen, die
ihrer Intervention besonderen Nachdruck verschaffen wollten,
zeigten ihre Brüste. Caesar berichtet in seinem *Gallischen Krieg*
von gallischen Frauen, die ihre Brüste entblößten, um die römischen Angreifer um Schonung zu bitten. Als seine Legionen
die Stadt Gergovia zu erstürmen drohten, warfen die Familien-
mütter «Kleidung und Silber über die Mauern herab, beugten
sich mit entblößter Brust über die Mauer und beschworen die
Römer mit ausgebreiteten Armen, sie zu schonen und nicht wie
in Avaricum sogar Frauen und Kinder umzubringen». Um einen
widerspenstigen Sohn zur Umkehr und zum Gehorsam zu bewegen, pflegten, wie der Kirchenvater Hieronymus berichtet,
verzweifelte Mütter ihre Brüste zu entblößen. Was sie durch
Worte nicht zu bewirken vermochten, sollte der Bittgestus der
Brustweisung erreichbar machen. Inständig ermahnt er den mit
ihm befreundeten Heliodor, doch ins Eremitenleben zurück-
zukehren, möge ihm auch seine Mutter mit zerzaustem Haar
und zerrissenen Kleidern ihre Brüste zeigen, mit denen sie ihn
genährt hat. Von Papst Benedikt X. wird berichtet, bei seiner
Absetzung in der römischen Lateranbasilika im Jahre 1060
sei seine Mutter als brustzeigende Intervenientin aufgetreten.
Als ihr Sohn seine priesterlichen Gewänder ablegen und die ihm
zur Last gelegten Verbrechen vorlesen mußte, habe sie unter
Seufzen und Wehklagen ihre Haare aufgelöst und ihre Brüste
entblößt.

Berichte über das wundertätige Wirken von Marias Milch
gaben dem Wahrheitsanspruch theologischer Metaphern einen
Rückhalt in der Geschichte. Historisch beglaubigte Milchwun-
der sollten unter Beweis stellen, daß Marias Milch auch tatsächlich bewirkte, was ihr theologisches Nachdenken und fromme
Erwartung an wunderbarer Hilfe zutrauten. Die Historisierung
einer mit unendlich vielen Bildern und Bedeutungen befrachte-
ten Symboltheologie kam nicht einer vergröbernden Materiali-
sierung religiöser Vorstellungen gleich. Legendenbildung, durch
die theologische Metaphern in Geschichten umgeschrieben wurden, stand im Dienste überzeitlicher Wahrheiten.

In den Sog der Legendenbildung geriet insbesondere Bernhard von Clairvaux (1090–1153), der als Ordensmann und Theologe ein besonders enges Verhältnis zu Maria unterhielt. Zum Beweis ihrer Mutterschaft soll ihn Maria mit einigen Tropfen Milch erquickt und ihm dadurch zugleich «seine honigfließende Beredsamkeit» eingeflößt haben. «Es ist gewiß vnd vnfehlbar wahr», heißt es in einer im Jahre 1677 veröffentlichten Lebensbeschreibung des hl. Bernhard, die Traditionen aus der ersten Hälfte des 14. Jahrhunderts zusammenfaßt, «daß der H. Bernardus / nit nur einmal / sonder zum öffteren / von der allerheiligsten Jungkfrawen Maria mit ihren eignen Brüsten / vnd eigner Milch / ist gesäugt worden / vnd getrenckt.»

In ihren Brüsten offenbarte Maria ihr Wesen: ihre mütterliche Hingabe, ihre lebenspendende und rettende Kraft. Sich abfällig über den Busen der Gottesmutter zu äußern, war deshalb eine lebensgefährliche Sache. Der Dominikaner Stefan von Bourbon berichtet in seinem zwischen 1250 und 1261 verfaßten *Tractatus de diversis materiis praedicabilibus* von einem solchen Fall. Einem Krämer sei, solange er Christus und andere Heilige durch blasphemisches Reden schmähte, nichts Schlimmes passiert. Erst als er lästerlich bei den Brüsten der heiligen Jungfrau Maria schwor, sei er mit gräßlich herausgestreckter Zunge gestorben. Mit dem Angriff auf die Ehre der Gottesmutter habe die Langmut Gottes ihre Grenze erreicht. Die Sanktion aus dem Jenseits folgte den Regeln des weltlichen Strafrechtes: dem Prinzip der «spiegelnden Strafe». Mit der Zunge hatte das Lästermaul gesündigt. Die Zunge war es deshalb auch, an der er bestraft wurde.

Die Biographen des hl. Bernhard von Clairvaux, die im 12. Jahrhundert sein Leben beschrieben, wußten nichts von wunderbaren Milchspenden Marias. Sie hielten es jedoch der Erwähnung wert, daß Bernhard besonders innig an den Brüsten seiner eigenen Mutter getrunken hatte. Erziehungsschriften und Gesundheitstraktate des späten Mittelalters machten Bernhards Mutter zum Inbegriff einer vorbildhaften Frau und Mutter. Sie habe nicht nur auf den Unterricht ihrer Kinder allergrößte Sorgfalt verwendet, sondern sei auch der Überzeugung gewesen, sich «von der Pflicht, ihre Kinder selbst zu stillen, nicht entbinden zu dürfen»; war sie doch der Auffassung, «daß mit der Muttermilch auch die Sitten der Mutter auf die Kinder sich vererben».

Ungleich stärker allerdings waren im späten Mittelalter die Verfasser katechetischer und medizinischer Traktate darauf bedacht, die stillende Maria zum Idealbild mütterlicher Fürsorge zu machen. Maler entwarfen das Bild einer Mutter, die ihr Kind liebkoste, es umarmte und ihm, wenn es Hunger und Durst hatte, die Brust gab. Marias vorbildhafte Mutterschaft stand jedoch im Widerspruch zu der Tatsache, daß im späten Mittelalter viele Frauen der adligen und bürgerlichen Oberschicht ihre kleinen Kinder Ammen anvertrauten. Angesichts eines moralisch und medizinisch suspekten Ammenwesens gab Maria ein Beispiel für vorbildliche Säuglingspflege.

Hoch- und spätmittelalterliche Theologen waren der Überzeugung: Auf Erlösung können Christen dann hoffen, wenn Christus seinem himmlischen Vater seine Seitenwunde zeige und Maria vor ihrem Sohn ihre Brüste entblöße. Solche «Zeichen der Liebe» könne Gott nicht zurückweisen. Mit der Theologie der Reformatoren war eine solche Auffassung nicht zu vereinbaren. «Und man hat», kritisierte Martin Luther in Predigten über das erste und zweite Kapitel des Johannesevangeliums (1537/38), «S. Bernhard auch also gemalet, das er die jungfraw Maria anbetet, welche jrem Son Christo weiset die brueste, so er gesogen hat.» Dem fügte er abweisend und zornig hinzu: «ach was haben wir der Marien kuesse gegeben, aber ich mag Marien brueste noch milch nicht, denn sie hat mich nicht erloeset noch selig gemachet.» Es sei «ein schendtlich undt lesterlich bildt oder gemelde ist von dem Jungsten tage, do man gemahlet hat, wie der Sohn fur dem vater niderfellet undt zeiget ihm seine wunden, undt S. Ioannes undt Maria bitten Christum fur uns am Jungsten gerichte, undt die mutter weiset dem Sohn ihre bruste, die ehr gesogen hat.» Man solle «solche gemelde wegthuen».

Gänzlich neu war diese Kritik nicht. Theologische und pragmatische Erwägungen hatten bereits lange zuvor den Glauben an die Echtheit der allenthalben verehrten Marienmilch erschüt-

tert. Bereits zu Anfang des 12. Jahrhunderts plädierte der Bene-
diktinerabt Guibert von Nogent (1053–1121) in seiner Schrift
Über die Heiligen und ihre Unterpfänder (*De sanctis et eorum
pignoribus*) für eine Kult- und Frömmigkeitspraxis, die dem
entsprach, was der Apostel Paulus als «vernunftgemäßen Gottesdienst» (Röm. 12,1) bezeichnet hatte. In Laon, bemerkte
Guibert kritisch, verehre man Milch Marias, anderswo den Na-
bel und die Vorhaut des kleinen Jesusknaben. Das Zeugnis der
Bibel und der urchristlichen Tradition sperre sich jedoch gegen
die Annahme, daß Maria solchen nichtssagenden Firlefanz ge-
sammelt habe, um die Anbetung Gottes mit neuen Kultgegen-
ständen zu bereichern.

Altkirchliche Kritiker des Reliquienwesens suchten die herkömmliche Marienverehrung, ein Kernstück römisch-katho-
lischer Frömmigkeit, gegen Fehl- und Zerrformen zu schützen.
Was reformatorische Kritiker ins Feld führten, war Bestandteil
einer Polemik, die die theologische Legitimität der traditionalen
Marienfrömmigkeit grundsätzlich in Frage stellte. Die im Himmel entthronte Gottesmutter konnte auch in ihren auf Erden be-
findlichen Reliquien nicht mehr wirksam präsent sein. An Maria schieden sich die Geister. Eine Maria, die nach Ansicht neu-
gläubiger Theologen im Himmel nichts mehr zu bewegen ver-
mochte, erschütterte die Heilssicherheit ihrer Verehrer. Christen
hingegen, die es mit Martin Luther hielten, brauchten sich durch
den schwindenden Einfluß Marias nicht ängstigen zu lassen.
Der Reformator ließ zwischen Gott und den Menschen nur
einen einzigen Mittler gelten: den von Gott gesandten Mann
Jesus Christus. Eine weibliche Fürsprecherin vor dem Throne
Gottes hielt Luther aufgrund theologisch-systematischer Erwägungen für abwegig. Anhänger der alten Kirche widersprachen.

In Theologie und Ikonographie der katholischen Gegenreformation spielte Milch aus Marias Brüsten immer noch eine wich-
tige Rolle. Frühbarocke Meditationsbilder zeigen eine unter
dem Kreuz stehende Maria, die mit ihrer Milch den Seelen im
Fegefeuer zu Hilfe kommt. Christus steht ihnen mit seinem Blut
bei, das er aus seiner Seitenwunde spritzt. Das Zusammenwir-
ken von Blut und Milch, eines männlichen und weiblichen Er-

lösungssymbols, ließ hoffen. Gegenreformatorische Prediger forderten von der katholischen Kirche Abgefallene auf, sich von der «stiefmütterlichen Mannesbrust Luthers» loszureißen und heimzukehren zu den kraft- und lebenspendenden «Brüsten der rechtgläubigen Mutter Kirche».

Die Symbolkraft von Marias Milch und Marias Brüsten verblaßte in der frühen Neuzeit jedoch zusehends. Das Mittelalter, ein Zeitalter der Zeichen, ging zu Ende. Das überkommene Zeichensystem, das in einer traditionalen, von religiösen Ideen geprägten Gesellschaft sinnstiftende Deutungs- und Orientierungsfunktion zu erfüllen hatte, war mit dem gewandelten gesellschaftlichen Wertbewußtsein nicht mehr in Einklang zu bringen.

6. Marias Hautfarbe:
«Ich bin schwarz, aber schön»

Sie ist nicht rabenchwarz, «Unsere Liebe Frau von Guadalupe», die von den Mexikanern als «Nuestra Senora de Guadalupe» verehrt und angerufen wird; sie ist dunkelhäutig. Papst Johannes Paul II. hat sie in den Mittelpunkt der christlichen Weltöffentlichkeit gerückt, als er am 31. Juli 2002 jenen Indio heiliggesprochen hat, dem im Dezember 1531 Maria erschienen war. Die Erscheinung ereignete sich auf einem Hügel in der Nähe von Mexiko-Stadt. An eben diesem Ort hatten die Azteken zuvor die Fruchtbarkeitsgöttin Tonantzín verehrt. Eine Kapelle, die 1532 der christlichen Muttergottes geweiht wurde, löste das jahrhundertealte Heiligtum der heidnischen Göttin ab. 1695 wurde der Grundstein zu der heutigen Basilika gelegt. Seit 1709 befindet sich in ihr das marianische Gnadenbild, das Unsere Liebe Frau von Guadalupe als «Maria Immaculata» darstellt: mit dem Mond unter den Füßen und von Sonnenstrahlen umkleidet.

Die Verehrung Unserer Lieben Frau von Guadalupe hatte von Anfang an eine politische Dimension. Die Erscheinung fand

zehn Jahre nach der Eroberung Mexikos durch die Spanier
unter Führung von Hernán Cortés statt. 1737 wurde die 1531
erschienene Maria zur Patronin der Stadt Mexiko erhoben,
1746 zur Schutzfrau und Schirmherrin von Neu-Spanien, 1910
von ganz Lateinamerika. In der Geschichte ihres Kultes ver-
mischten sich von Anfang an religiöse und politische, aztekische
und christliche Motive. Die Mischung von aztekischen Vorstellungen und christlichem Gedankengut wirkte integrierend zwischen Indios, Mestizen und Kreolen, d. h. zwischen den Eingeborenen, den aus der Verbindung zwischen Indios und Spaniern
hervorgegangenen Mischlingen sowie den Nachfahren spa-
nischer Eindringlinge und Einwanderer. Unter dem Banner
der Maria von Guadalupe kämpfte Miguel Hídalgo y Costilla
(1753–1811) für die Unabhängigkeit Mexikos. Er tat dies als
geweihter Priester, der sich an die Spitze eines Revolutionsheeres
gesetzt hatte. Maria machte er zur Patronin der Revolution. Der
Schlachtruf der Revolutionäre lautete: «Nieder mit der schlechten Regierung! Tod den Gachupines [Spaniern]! Lang lebe
die Religion! Lang lebe die Religion! Lang lebe unsere allerselig-
ste Jungfrau von Guadalupe.» Als Fahne händigte er seinen
Truppen eine Standarte aus, die das Bild Unserer Lieben Frau
von Guadalupe trug. Während des Kirchenkampfes von 1926
bis 1929 schöpften Kräfte des Widerstandes Mut aus dem Ruf:
«Es lebe Christus der König und die Jungfrau von Guadalupe.»
«Die Jungfrau von Guadalupe», schrieb unlängst ein lateiname-
rikanischer Theologe, «ist das Banner gewesen, das den Unab-
hängigkeitskriegen und den Revolutions- und Reformbewegun-
gen in Mexiko voranzog.»

Die im Himmel thronende Gottesmutter hatte sich in Guadalupe in einer Gestalt sehen lassen, die den Indios vertraut und
willkommen war. Sie hatte eine dunkelbraune Hautfarbe. Ihr
Gesicht trug die Züge einer Eingeborenen. Sie erschien nicht
einem Eroberer, sondern einem Eroberten; sie hielt es nicht mit
den Siegern, sondern mit den Besiegten. Und nicht zuletzt:
Sie stiftete Kontinuität, indem sie an einem Ort erschien, an
dem die Azteken bislang ihre Fruchtbarkeitsgöttin Tonantzín
verehrt hatten. Maria, Unsere Liebe Frau von Guadalupe, trägt

bis heute den Namen Maria-Tonantzín. Ein Franziskaner, der im 16. Jahrhundert diesen bruchlosen Übergang von der alten Fruchtbarkeitsgöttin zur neuen Gottesmutter miterlebt hatte, geizte nicht mit Kritik: Die Verschmelzung von aztekischem Kult und katholischer Marienverehrung sei Teufelswerk. Die Namensgleichheit zwischen der alten Göttin und Maria diene allein dazu, den alten Götzendienst unter einem neuen Gewand fortzusetzen.

Der Nobelpreisträger für Literatur, Octavio Paz, teilt diese Sorge nicht. Im Glauben des Volkes, argumentierte er, sei ‹Unsere Jungfrau von Guadalupe› keine Göttin kosmischer Rhythmen; sie, die Mutter ohne Schande, symbolisiere vielmehr existentielle Zuflucht und Hilfe. Eine Mutter der Schande war die vornehme Indianerin Malinche, die sich mit Hernán Cortés eingelassen hatte, von ihm einen Sohn empfing und den Spaniern den Weg zum Mittelpunkt der aztekischen Welt zeigte. «Es geht nicht mehr darum», schrieb Octavio Paz 1950, «gesicherte Ernten zu haben, sondern einen schützenden Schoß zu finden. Die Jungfrau ist Trost der Armen, der Schutz der Schwachen, der Schutz der Unterdrückten.» Dreißig Jahre danach betonte er: «Für die Indios ist Guadalupe-Tonantzín die Verwandlung ihrer ehemaligen weiblichen Gottheiten. Für die Kreolen hat die Erscheinung der Jungfrau den Boden Neu-Spaniens zu einer wirklicheren Mutter als den Boden Spaniens gemacht. Für die Mestizen schließlich bedeutet die Jungfrau Versöhnung mit ihrem Ursprung und das Ende ihrer Illegitimität.»

Unsere Liebe Frau von Guadalupe ist dunkelhäutig, weil es auch die Indios, die Eingeborenen, sind. Herkunft und Bedeutung ihrer Hautfarbe sind eindeutig. Nicht so verhält es sich mit den vielen schwarzen Madonnen, die heute noch vielerorts als Gnadenbilder verehrt werden. Die schwarze Madonna im bayerischen Altötting zieht noch heute viele Pilgerströme an. Attraktiv blieb bis heute die schwarze Madonna im schweizerischen Einsiedeln. Zur schwarzen Madonna im polnischen Czenstochau wallfahren Jahr für Jahr Tausende und Abertausende polnischer Christen. Gläubige Katalanen fühlen sich noch immer verpflichtet, wenigstens einmal im Jahr die «schwarze Jungfrau» oder die «kleine Braune», die «Moreneta», auf dem Monserrat, dem heiligen Berg, zu besuchen.

Die Wallfahrt zur Schwarzen Madonna von Czenstochau, einer am Oberlauf der Warthe gelegenen Stadt, reicht bis ins 15. Jahrhundert zurück. Das Gnadenbild, geradezu ein nationales Marienheiligtum, befindet sich in der Obhut von Paulinereremiten, die im Jahre 1382 auf dem «hellen Berg» (Jasna Gòra; clarus mons) von Czenstochau ein Kloster errichteten. Das Bild zeigt in der Art einer byzantinischen «Wegführerin» eine halbfigurige schwarze Muttergottes, die auf ihrem linken Arm den Jesusknaben trägt. Dieser hält in seiner Linken ein Buch; seine Rechte erhebt er zum Segen. Wundmale im Gesicht der Madonna erinnern an Verletzungen, die ihr 1420 durch Hussiten zugefügt wurden. Erfahrene Geschichte, deren Verlauf mit rettenden Eingriffen Marias in einen ursächlichen Zusammenhang gebracht wurde, machte das Gnadenbild von Czenstochau zu einem bleibenden Symbol der polnischen National- und Religionsfreiheit. Es garantierte die Einheit der Nation, als Polen von 1772 bis 1918 geteilt war. Im Zweiten Weltkrieg, als Polen der nationalsozialistischen Barbarei zum Opfer fiel, bildete der lichtvolle, Maria geweihte Berg die geistige Hauptstadt eines Volkes ohne Staat. In den Jahren und Jahrzehnten nach 1945 bewährte sich die schwarze Muttergottes von Czenstochau von neuem als Symbol der Unabhängigkeit und Quelle des Widerstandes. Mit der Madonna im Kopf und im Herzen haben zu Anfang der achtziger Jahre Werftarbeiter in Danzig gegen inhumane Zwänge staatlicher Gewalt aufbegehrt. «In Polen», befand Wolf Biermann 1982 in einem Essay über *Karl Marx und die Schwarze Madonna*, stehen die Kommunisten «auf Seiten der Konterrevolution. Wen wundert es, wenn die revolutionären Arbeiter dick befreundet sind mit dem lieben Gott der Katholiken, verbündet mit der Schwarzen Madonna von Tschenstochau».

Das Gnadenbild von Altötting, eine 65 cm große Holzfigur, stammt aus dem späten 13. Jahrhundert. Kaiserliche und fürstliche Potentaten erwiesen der Schwarzen Madonna von Altötting Ehre und vergewisserten sich ihrer Hilfe für ihre kriegerischen Unternehmungen: Kaiser Maximilian, Kaiser Karl V. und vor allem Bayerns Herzöge und Kurfürsten aus dem Hause Wittelsbach, die als Zeichen ihrer innigen Verbundenheit mit der göttlichen Frau ihre Herzen in der Marienkapelle von Altötting bestatten ließen. Unter der Marienstatue wird ein mit Blut geschriebener Brief Kurfürst Maximilians (1573–1651) aufbewahrt, in dem er das Land Bayern der Gottesmutter von Altötting weihte. Tilly, Maximilians Feldmarschall, führte, als er im Dreißigjährigen Krieg gegen die Feinde der katholischen Christenheit in die Schlacht zog, eine Fahne mit sich, auf welcher die Gottesmutter von Altötting abgebildet war.

Im Kloster Einsiedeln wurden bis ins 19. Jahrhundert Schluckbildchen verkauft, die das Bild der schwarzen Muttergottes trugen. Im Bedarfsfall wurde ein solches Bildchen zerknüllt und als papierene Pille in Wasser eingeweicht, Speisen beigegeben, in Brot eingebacken oder dem Vieh unter das Futter gemengt. Einsiedler Schluckbildchen erfüllten die Funktion einer Hausapotheke, die für Krankheitsfälle und Notsituationen Medizin bereithielt. Die moderne Medizin entlastete die Marienverehrung älterer und jüngerer Zeiten von Erwartungen, mit denen Maria schlechterdings überfordert war. Warum aber sind die Madonnen von Monserrat, von Czenstochau, von Altötting und Einsiedeln alle schwarz?

Das Schwarz von Marias Gesichtsfarbe verstand sich auch für Christen der frühen Neuzeit nicht von selbst. Das geht aus einer Jubelpredigt hervor, die 1726 ein Prediger im niederbayerischen Wallfahrtsort Teising zu Ehren der dortigen schwarzen Muttergottes hielt. «Zu dem», gab er seinen Zuhörern zu denken, «wer waiß nit / daß die schwartze Farb allzeit für ein Sinnbildnuß / und Kennzeichen gehalten worden der Traurigkeit / der Unglueckseligkeit / und Graußlichkeit? Will der hohe Adl einen verstorbnen Befreundeten klagen / so kleydet er sich ueber und ueber Schwartz / so gar die Angesichter verhillens mit schwarten Flor / und Tuechern / so ist dann die Schwaertze ein Kennzeichen der Traurigkeit». Hatten die Römer einen «unglueckselgen Tag» nannten sie diesen einen schwarzen Tag. «So ist dann die Schwaertze ein Anzeigen der Unglueckseeligkeit.»

Und: «Stehet ein Unterthan schwartz geschrieben bey seiner gnaedigen Herrschaft / so macht er ihnen ein Grausen / wann er ihnen unter die Augen kommt ... So ist dann die Schwaertze ein Kennzeichen der Graußlichkeit.» Der Prediger gibt unzweideutig zu erkennen: Die Vorstellungen, die Laienchristen mit der Farbe schwarz verbanden, waren auf die schwarze Gesichtsfarbe Marias nicht anwendbar. Marias Schwärze war erklärungsbedürftig.

Erklärungsbedürftig blieb die Schwarze Madonna bis heute. Über ihren Ursprung gibt es viele Vermutungen, aber keine Erklärung, die schlüssig zeigen kann, wann, wo und aus welchen Motiven der Bildtypus «Schwarze Madonna» entstanden ist. Nicht zu bezweifeln ist: Schwarz wurden Madonnen durch Kerzenrauch oder durch chemische Veränderungen des Inkarnats, des Farbtons ihrer Haut. Schwarz waren sie von Anfang an, wenn sie aus Zedernholz gefertigt oder wenn ihr Gesicht und ihre Hände bestimmter symbolischer Bedeutungen wegen in schwarzer Farbe gemalt wurden. Legenden berichten, Marienbilder und Marienskulpturen seien schwarz geworden, wenn Kirchen in Brand gerieten, ohne aber selber zu einem Opfer der Flammen zu werden. Einfallsreiche Geschichtenerfinder kamen auf den Gedanken, Marias Gesicht sei auf der Flucht nach Ägypten von der Sonne gebräunt worden. Lukas, der Evangelist und Maler, habe diese sonnenverbrannte Maria im Bild festgehalten. Mit Hilfe einer solchen Geschichte sollte erklärt werden, weshalb Marienikonen, die angeblich Lukas gemalt haben soll, Maria als Frau mit einer dunklen Haut darstellen. Neuerdings wurde vermutet, die Ursprünge der schwarzen Madonna seien in Äthiopien zu suchen. In Äthiopien, einer Region am oberen Nil, in der seit alters Maria innig verehrt wurde, hätten Künstler die Hautfarbe der christlichen Madonna der natürlichen Physiognomie der einheimischen Bevölkerung angepaßt. Durch stichhaltige Belege ist eine solche Annahme nicht zu erhärten. Unbestritten ist jedoch, daß die Darstellung der stillenden Gottesmutter beeinflußt wurde durch die Isis-Horus-Ikonographie, welche die ägyptische Göttin beim Stillen ihres Sohnes Horus zeigt. Heidnische Motive zu «verchristlichen» war ein

Erfordernis der Mission. Viele Darstellungen der stillenden Isis, der Isis lactans, sind aus schwarzem Material hergestellt. Die christliche Gottesmutter allerdings ist in der koptischen Kunst nicht als dunkelhäutig oder schwarz dargestellte Frau auszumachen.

Religionshistoriker des 19. Jahrhunderts erblickten Kontinuitäten zwischen der schwarzen Artemis von Ephesus und der schwarzen Maria der Christen. Eine tragfähige Beweiskette gibt es für eine solche Abhängigkeit nicht. Zwischen der schwarzen Artemis von Ephesus und den schwarzen Madonnen des Mittelalters tut sich ein zeitlicher Abstand von mehreren Jahrhunderten auf, der sich weder durch Texte noch durch bildliche Zeugnisse überbrücken läßt. Dennoch: Zwischen der schwarzen Muttergottes der christlichen Kirche und den schwarzen Muttergottheiten der antiken Welt bestehen Gemeinsamkeiten funktionaler Art. Was Heiden von ihren Göttinnen an lebenspraktischen Hilfen erwarteten, erhofften Christen von Maria, mochten sie nun schwarz, braun oder weiß sein.

Der Prediger von Teising, der es als seine «Schuldigkeit» erachtet hatte, seinen Zuhörern «von der Schwaertze dieser Goettlichen Gesponß [Maria] etwas mehrers zur Bedenckung» vorzutragen, hielt sich an traditionelle Deutungsmuster. Um der schwarzen Hautfarbe Marias eine religiöse Bedeutung zu geben, griff er – wie Theologen und Bibelausleger vor ihm – auf das Hohelied des Alten Testaments zurück. In diesem bekennt die Braut, deren Gesicht von der Sonne verbrannt ist: «Schwarz bin ich, aber schön.» (Hoheslied 1,5) In dem Satz «Ich bin schwarz, aber schön» verbirgt sich, so man dem Wortsinn des biblischen Textes folgt, die Selbstbeschreibung einer liebenden und geliebten jungen Frau. Diese sagt von sich:

> Braun bin ich, doch schön,
> ihr Töchter Jerusalems,
> wie die Zelte von Kedar,
> wie Salomos Decken.
> Schaut mich nicht so an,
> weil ich gebräunt bin.
> Die Sonne hat mich verbrannt.

Meiner Mutter Söhne waren böse,
ließen mich Weinberge hüten;
den eigenen Weinberg konnte ich nicht hüten. (1,5–6)

Die Winzerstochter vom Land, deren Haut die Sommersonne
verfärbte, ist stolz auf ihr dunkles Aussehen – wohl wissend,
daß in der Stadt andere Maßstäbe gelten. Das Schönheitsideal
der Stadtfrauen gebietet helle Hautfarbe. Die Liebende und Geliebte des Hohenliedes bekennt freimütig: Die Arbeit in den
Weinbergen ihrer Familie ließ keine Zeit, ihren eigenen Weinberg, ihren Teint, zu pflegen.

Ihre Fremdheit nahmen der schwarzen Madonna allegorische Auslegungen des Hohenliedes. Mittelalterliche Bibelausleger erblickten in der geliebten und liebenden jungen Frau
eine Metapher für Maria, mit der Jesus liebende Zwiesprache
hält. Theologen des 12. Jahrhunderts, die das Hohelied mario-
logisch deuteten und deshalb gehalten waren, die schwarze
Hautfarbe der als Maria gedeuteten Frau mit Eigenschaften
und Verhaltensweisen Marias zu verknüpfen, versicherten: Mit
ihrem Bekenntnis, schwarz zu sein, erinnere Maria an ihre Abstammung von armen, niedriggeborenen Leuten. Armut und
soziale Niedrigkeit habe aber Jesus, die Sonne der Gerechtigkeit, nicht davon abhalten können, sich Maria zu seiner Mutter zu erwählen. Dunkle Hautfarbe hatte eine soziale Dimension; sie charakterisierte Frauen, die bei Sonnenhitze auf dem
Feld arbeiten.

Als schwarze Frau darstellbar war Maria nach Ansicht mittelalterlicher Theologen insbesondere deshalb, weil sie sich selber
zu ihrer durch Leid und Drangsal verursachten Schwärze bekannte. Schwarz verfärbt habe sich das Gesicht der Jungfrau in
dem Augenblick, als sie sah, wie ihr Sohn von seinen Hassern
und Verfolgern ans Kreuz geschlagen wurde; schwarz geworden
sei sie auch, als ihr zu Ohren kam, daß der auferstandene Jesus
den Verachtungsreden seiner jüdischen Stammesgenossen aus-
gesetzt war; schwarz verfärbt habe sie sich gleichfalls, als sie erfuhr, daß auch die Apostel und Jünger Jesu, als sie dessen Heils-
botschaft verkündeten, verfolgt, gequält und gepeinigt wurden.

Schwarz sei Maria insbesondere deshalb gewesen, weil sie «zeitliche Übel» ertragen mußte, schön und liebenswert hingegen, weil sie geistliche Güter liebte, deren unverwelklicher Glanz leidbedingte Schwärze in strahlende Helle verwandelte.

Wenn sich Maria, schreibt Thomas der Zisterzienser an der Wende vom 12. zum 13. Jahrhundert, selber als schwarz bezeichne, spreche sie vom Schmerz und von der Trauer, die sie unter dem Kreuz habe erdulden müssen. Die am Kreuz «sterbende Sonne» habe Marias Gesicht verbrannt und ihrer Haut eine schwarze Farbe gegeben.

7. Marias Tod als Inbegriff christlichen Sterbens

Maria tröstete Kranke; Sterbenden kam sie zu Hilfe. Ihr eigener Tod gehörte nicht zum Erzähl- und Erinnerungsgut, in dem urchristliche Gemeinden ihrer Heilserfahrung Ausdruck gaben. Im Horizont einer christologisch ausgerichteten Theologie waren Tod und Heimgang Marias ohne Belang. Auch die werdende Großkirche verfügte in den ersten vier Jahrhunderten ihres Bestehens über keine Informationen, mit deren Hilfe historisch verläßlich die Frage beantwortet werden konnte, an welchem Ort, in welchem Jahr und in welchem Alter Maria aus dem Leben geschieden war. In der Zeit danach trat fromme Fiktion in den Dienst ungestillter Frömmigkeits- und Wissensbedürfnisse. Das Verlangen, Marias Heilsbedeutung mit der Erlöserrolle Jesu zu verknüpfen, wirkte geschichtenbildend. Wurde Maria als eine im Himmel thronende Frau verehrt, die durch ihre Fürsprache Gottes Ratschlüsse und das Urteil Christi im Endgericht zu beeinflussen vermag, so mußte auch die Frage beantwortet werden, wann und wie sie denn ihrem Sohn ins himmlische Paradies gefolgt sei.

Gläubige Imagination rekonstruierte, was für die Evangelisten von keinerlei Interesse war: das Sterben Marias. Das Verlangen, über Marias Tod genauer Bescheid zu wissen, beweist sinnfällig die im 5. Jahrhundert entstandene Abhandlung *De transitu beatae Mariae virginis* (*Über den Heimgang der heiligen Jungfrau Maria*). Das fiktive Sterbeprotokoll unbekannter Herkunft berichtet ausführlich über Tod und Himmelfahrt der göttlichen Jungfrau. Das zwischen dem 4. und 6. Jahrhundert verfaßte *Decretum Gelasianum de libris recipiendis et non recipiendis* (Dekret von Papst Gelasius über Schriften, die angenommen und nicht angenommen werden sollten) erwähnt es unter den theologisch verdächtigen und deshalb zu verwerfenden Schriften. Viel hatte sich der anonyme Autor über den Heimgang von Maria ausgedacht, um die fromme Neugierde seiner Leser zu befriedigen. Bereits vor der Passion ihres Sohnes, so behauptet der Verfasser des apokryphen Hinübergangs Marias, habe sie ihrem Sohn das Versprechen abgenommen, ihr drei Tage vor ihrem Tod mitzuteilen, daß sie nach Ablauf dieser Frist sterben müsse. Jesus habe ihr aus freien Stücken in Aussicht gestellt, ihre vom Leib getrennte Seele in den Himmel zu tragen. Versprochen habe er ihr überdies, dafür zu sorgen, daß in ihrer Todesstunde alle Apostel zugegen sein werden.

So geschah es denn auch: Drei Tage vor Marias Tod erschien ein Engel, brachte ihr einen Palmzweig und kündigte ihr an, daß binnen drei Tagen ihr Leben zu Ende gehe. Danach, fuhr der Engel fort, wolle sie Gott in den Himmel aufnehmen. Maria habe, nachdem sie die Kunde des Engels vernommen hatte, Verwandte und Bekannte zu sich gerufen, um ihnen ihren bevorstehenden Tod kundzutun. Gekommen, ohne daß sie jemand benachrichtigt hätte, seien auch alle Apostel. Wolken hätten sie auf wunderbare Weise durch die Lüfte schweben lassen und vor der Haustür Marias abgesetzt. Maria soll zu ihnen gesagt haben: «Betet und wachet mit mir, daß euch der Herr wachend findet, wenn er kommt, um meine Seele in Empfang zu nehmen.»

Die Apostel erfüllten diese Bitte. Die ganze Nacht über harrten sie bei Maria aus, zündeten Lampen an, psalmodierten und sangen Hymnen. Christus kam zur angekündigten Stunde. Engel begleiteten ihn. Marias Seele nahm er in seine Hände und brachte sie in den Himmel. Buchmaler des frühen Mittelalters folgen diesem Bericht, wenn sie den Tod Marias bildlich darstellten. Theologen des Mittelalters lasen den apokryphen Bericht vom Sterben Marias als einen Text, der die Heilsbedeutung der Mutter Jesu veranschaulichte und bezeugte. Der jüdische Hintergrund des Textes war ihnen nicht mehr geläufig.

In jüdischen Apokryphen ist es der Erzengel Michael, der Abraham von seinem bevorstehenden Tod unterrichtet. Die Symbolik des von dem Erzengel überbrachten Palmzweiges findet ihre Entsprechung in der Bildsprache jüdischer Autoren. Sowohl in der jüdischen als auch in der christlichen Vorstellungswelt verweist der Palmzweig auf den Lebensbaum im Paradies; in beiden Religionen ist er ein Zeichen des Sieges und dient als Symbol des Gerechten. Die Wolke, die die Apostel ans Sterbelager Marias bringt, erscheint im Alten Testament als Mittel, mit dessen Hilfe sich Gott an den Ort seines Handelns bewegt (Jes. 19,1; Ex. 19,9; Ps. 104,3). Aus der Wolke spricht Jahwe; durch die Wolke offenbart er seine Herrlichkeit. Um zu veranschaulichen, daß Jahwe sein Volk beschützt und rettet, sprechen jüdische Autoren von der Wolke, die das Volk Israel aus gefährlichen Situationen fortträgt und von dannen bewegt. Zum jüdischen Sterberitual gehörte die Lampe, die zugleich ein Zeichen des Gerechten und ein Symbol der Seele war. Das Erlöschen der Lampe stand für das Erlöschen der Seele.

Texte, die von wunderbaren Vorgängen berichten, entstehen nicht absichts- und interesselos. Der spätantike Anonymus, der aus dem Hinübergang Marias eine erzähl- und erlebbare Geschichte machte, entsprach einem offenkundigen liturgischen Bedürfnis. Seit dem 5. Jahrhundert wurde am 15. August in Jerusalem das Fest der Koimesis, der «Entschlafung Marias», begangen. Gefeiert wurde das Gedächtnis an die Entschlafung und Bestattung Marias in der Marienkirche im Kedron-Tal, die über dem (vermeintlichen oder tatsächlichen) Mariengrab erbaut worden war und seit der Mitte des 5. Jahrhunderts urkundlich bezeugt ist. Wer in dieser Kirche in feierlicher Form an den Tod Marias erinnerte, mußte in der Lage sein, über Anlaß und Inhalt seines festlichen Tuns Auskunft und Rechenschaft zu geben. Der Verfasser des *Transitus Mariae* trug diesem Verlangen Rechnung; er schloß eine Wissens- und Überlieferungslücke.

In der Geschichte der abendländischen Marienverehrung hat der apokryphe Text Spuren von bemerkenswerter Breite und Dichte hinterlassen. Die Transitus-Legende ist im hohen und späten Mittelalter viel gelesen, häufig abgeschrieben und immer wieder bildlich dargestellt worden. Was sich im 5. Jahrhundert ein Anonymus *Über den Heimgang Mariens* (*De transitu Mariae*) ausgedacht hatte, gehörte im hohen und späten Mittelalter zum Glaubensgut der Kirche. Ein Abschreiber des Entschlafungsberichtes gab seiner Überzeugung Ausdruck, daß jeder Christ, der diese Schrift bei sich trage oder in seinem Haus aufbewahre, gegen Nachstellungen des Teufels geschützt sei; seinen Sohn rette sie vor Epilepsie und dämonischer Besessenheit, vor Taub- und Blindheit. Wer den Bericht vom Sterben Marias lese, werde nicht verdammt und bleibe vor plötzlichem Tod bewahrt.

Texte und Bilder, die mittelalterlichen Frommen den Tod Marias zum Bewußtsein und zu Gesicht brachten, waren überdies Träger normativer Erwartungen. In erzählerische und bildhafte Darstellungen des Marientodes waren beispielgebende Verhaltensweisen eingewoben. Wer sich an diese hielt, konnte gewiß sein, christlich zu sterben. Die Beispielhaftigkeit des Marientodes verpflichtete. Beispielgebenden Charakter besitzen in dem apokryphen Sterbebericht über den *Heimgang Marias* folgende Begebenheiten: Drei Tage vor ihrem Tod war sich Maria dank göttlicher Eingebung darüber im klaren, daß sie sterben mußte. Wissend zu sterben, galt im Mittelalter als Zeichen eines guten Todes. Maria starb nicht allein, sondern in der Gemeinschaft der Apostel, ihrer Nachbarn und Verwandten. Die Gegenwart und Freundschaft der Überlebenden empfand sie nach dem Zeugnis der apokryphen Transitus-Legende als Quelle des Trostes. Die Apostel psalmodierten – ein Vorgang, der den Überlebenden Gebetshilfen für die Sterbenden zur Pflicht macht. Während ihres Gebetes hatten die Apostel Lampen angezündet, weil zum guten Tod heilsmächtige Zeichen gehören, die den Einfluß böser Mächte verhindern.

Wissend zu sterben, war eine Tugend, die Maria beispielhaft verwirklicht hatte. Sie sollte helfen, ein zeitloses Grundproblem menschlichen Daseins lösbar zu machen. «Nicht eigentlich der Tod», schreibt Norbert Elias, um die Einstellung zum Sterben in Gesellschaften von heute zu charakterisieren, «sondern das Wissen vom Tode ist es, das für Menschen Probleme schafft». Sich der Endlichkeit des eigenen Lebens bewußt zu bleiben, galt im Mittelalter als Pflicht lebenslangen Nachdenkens über den Tod. Den Tag des eigenen Todes rechtzeitig zu erfahren, war Gegenstand andächtiger Bitte. Maria hatte ein Beispiel gegeben. Meß- und Andachtsbücher des 14. und 15. Jahrhunderts enthalten «Anleitungen für religiöse Übungen, mit deren Hilfe man die Gnade zu erlange hoffte, drei Tage vor dem Tod über den bevorstehenden Heimgang unterrichtet zu werden.» Besondere Gebetstexte wurden entworfen, deren Beter hoffen konnten, daß ihnen Maria drei Tage vor ihrem Tod zu Hilfe eilt, um sie zu trösten und ihnen damit die Stunde ihres Todes anzuzeigen. Spätmittelalterliche Exempelgeschichten berichten von Marienverehrern, denen Maria drei Tage vor ihrem Tod erschien, sie über ihren bevorstehenden Tod aufklärte und ihnen zu ewigem Leben verhalf. Mittelalterliche Marienfrömmigkeit bewährte sich nicht als Verdrängungsmechanismus, der vom Wissen um die eigene Endlichkeit ablenkte, sondern als Anleitung zu wissendem Sterben.

Der Tod Marias machte außerdem den Gemeinschaftsbezug christlichen Sterbens zu einer in der göttlichen Heilsgeschichte verankerten Norm. «Zweifelsohne», bemerkte Norbert Elias zu Recht, «war in dieser mittelalterlichen Gesellschaft das Leben kürzer, die Unkontrollierbarkeit der Gefahren größer, das Sterben oft schmerzhafter, die Schuldangst vor der Strafe nach dem Tode unverdeckter, aber die Mitbeteiligung anderer am Sterben des Einzelnen war größer. Heute weiß man die Qualen des Sterbens in manchen Fällen zu lindern; Schuldängste werden in höherem Maße verdrängt. Aber die Mitbeteiligung anderer am Sterben des Einzelnen ist geringer.» Wie aber steht es um die «Mitbeteiligung anderer» am Sterben Marias? Maria wollte nicht allein sterben. Sie beharrte unnachgiebig auf der Nähe der Apostel. Indem sie das tat, gab sie Hoffnungen und Sehnsüchten ihrer Verehrer eine Stimme.

Die Rolle, die Verfasser von Marienleben den Aposteln beim Tode Marias zudachten, erfüllten in der Kirche des Mittelalters Sterbehelfer, die – als Mönche, Kleriker oder einfache Laienchristen – ihren christlichen Glaubensbrüdern in ihrer sterbenden Not beistehen sollten. Der Pariser Universitätskanzler und Konstanzer Konzilstheologe Johannes Gerson (1363–1429) spricht in seiner *Ars moriendi* (Kunst des Sterbens) von «veraces fidelisque amici», von aufrichtigen und treuen Freunden, die Sterbende zum Empfang der kirchlichen Sakramente mahnen sollen – zur Beichte, zum Empfang der Eucharistie und zur Letzten Ölung. Sterbehelfer waren außerdem gehalten, Sterbenden Gebete vorzusprechen, das Kruzifix vor Augen zu halten, auch keine falschen Hoffnungen auf Genesung zu machen. In der Todesstunde bewährte Freundestreue, so Johannes Gerson, sei in den Augen Gottes zuweilen verdienstvoller und von größerem Heilswert, als wenn jemand Christus zu dessen Lebzeiten einen Dienst erwiesen hätte.

Der Gemeinschaftsbezug christlichen Sterbens kam nicht nur in geistiger und körperlicher Anwesenheit, sondern auch im Vorlesen geistlicher Texte durch lesefähige Kleriker und Laien zum Ausdruck. In der Transitus-Legende des 5. Jahrhunderts steht der Satz: «Die Apostel wachten [bei der sterbenden Maria] und verbrachten die ganze Nacht im Gebet mit Psalmen und Hymnen.» Der Verfasser wird sich die Apostel als Männer vorgestellt haben, die auswendig beteten und sangen. Auf spätmittelalterlichen Tafelbildern benutzen die Apostel Bücher, um die sterbende Maria durch Beten, Singen und Vorlesen auf ihrem Weg zum Himmel zu begleiten. Altersgraue Apostel mit geschwächter Sehkraft tragen Brillen. Lesekultur trat an die Stelle bloßer Mündlichkeit. Ein solcher Wandel versteht sich nicht von selbst.

Die Verfasser mittelalterlicher Marienleben berichten von Aposteln, die weinend, klagend und betend um das Bett Marias saßen. Vom Gebrauch von Büchern ist in ihren Erzählungen mit keiner Silbe die Rede. Benutzten die Apostel Bücher, wie das Bilder und Skulpturen des späten Mittelalters nahelegen, dann deshalb, weil Rituale und Sterbekünste der spätmittelalterlichen

Christenheit Priester und Laien verpflichteten, Sterbenden vor-
zulesen. Sterbehilfe machte das Totenbett zu einem Ort des Lesens.

Neben der Passion waren es insbesondere Psalmen, die Sterbenden helfen sollten. Den Tod eines Christen durch Psalmen-
gebet zu begleiten, entsprach altchristlicher Tradition. Als Mo-
nica, die Mutter des Kirchenvaters Augustinus, starb, griff dessen Freund nach dem Psalter und stimmte den Psalm 100 an,
wobei das ganze Haus nach jedem Vers antwortete: «Deine
Barmherzigkeit und deine Gerechtigkeit will ich rühmen, Herr.»
(Ps. 100,1)

Zum christlichen Sterberitual gehörte außerdem das heilige
Zeichen. Daß die Apostel, wie der spätantike *Transitus Mariae*
berichtet, im Sterbezimmer Marias große Kerzen entzündeten,
braucht nicht zu überraschen. Kerzen fanden Verwendung im
Gottesdienst, der in frühchristlicher Zeit vornehmlich am
Abend oder in der Nacht gefeiert wurde. Seit dem ausgehenden
4. Jahrhundert wurde in Jerusalem am Fest Mariä Reinigung
oder Lichtmeß eine Lichterprozession veranstaltet. Hochmittelalterliche Benediktionsformulare für die Kerzenweihe an Mariä
Lichtmeß beschreiben nicht nur die Symbolkraft von Licht und
Feuer, sondern betonen überdies die den Lichtmeßkerzen inne-
wohnende Kraft, den Teufel und seine Helfer zu vertreiben. Auf
die Schutzwehr von Kerzen zu vertrauen, war deshalb erforderlich, weil, wie damals geglaubt und geschrieben wurde, sowohl
beim Tod von Sündern als auch beim Tod von Gerechten Teufel
erscheinen, die die Seele des Sterbenden in ihren Besitz bringen
wollen. Ordinarien aus dem 13. Jahrhundert sahen vor, daß
dem Sterbenden eine geweihte Kerze in die Hand gegeben oder
vor ihn gehalten wird. Wie die fünf klugen Jungfrauen des Evangeliums mit brennenden Lampen ihrem Bräutigam entgegeneil-
ten, sollten Sterbende mit der Kerze in der Hand ihrem himmlischen Erlöser entgegengehen. Dämonenabwehrende Wirkungen und eschatologische Zeichenhaftigkeit machten die Kerze
zu einem Trostmittel christlichen Sterbens. Es fällt auf, daß
deutschsprachige Marienleben des Mittelalters keine Kerzen
erwähnen, wenn sie den Hinübergang Marias schildern. Was

Vitenschreiber unerwähnt ließen, setzten Maler ins Bild. Sie geben Maria eine brennende Kerze in die Hand; neben ihrem Sterbebett lassen sie gleichfalls Kerzen brennen. In dem spätantiken Bericht vom Hinübergang Mariens war von Lampen die Rede, die die Apostel angezündet hatten.

Als eigenwillige Interpreten des Marientodes verhielten sich Maler und ihre Auftraggeber auch dann, wenn sie einzelnen Aposteln ein Weihwasserbecken und ein Rauchfaß in die Hand gaben. In spätmittelalterlichen Marienleben ist nicht davon die Rede, daß Maria, als sie starb, die Segenswirkungen von geweihtem Wasser und geweihtem Rauch zuteil wurden. Weihrauch und Wasser waren nicht allein symbolträchtige Zeichen christlicher Gottesverehrung; beide besaßen dämonenabwehrende Kraft, beide fanden in Sterberitualen Verwendung. Weihrauch vertrieb, wie es in einem Sakramentar aus der ersten Hälfte des 11. Jahrhunderts heißt, jede Art von Dämonen; geweihtes Wasser brach die Macht des Bösen und bewährte sich als Mittel heilbringender Erlösung; es vertreibt Dämonen und böse Geister. Christen taten deshalb gut daran, ihre Häuser, Tiere, Weinberge und Felder mit geweihtem Wasser zu besprengen.

Die zunehmende Verkirchlichung des Marientodes beschränkte sich nicht allein auf Kerzen, Weihwasser und Weihrauch. Gefragt wurde darüber hinaus, ob Maria nicht auch das übliche Viaticum – Bußsakrament, Letzte Ölung und Eucharistie – empfangen habe. Heinrich von St. Gallen (um 1345/1350 bis nach 1409) bejahte diese Frage. Maria, betonte er, sei zwar aller Gnaden voll und vom Makel der Erbsünde befreit gewesen und habe deshalb sakramentale Hilfen eigentlich nicht nötig gehabt. Sie habe sie empfangen «von gruntloser demutigkeit wegen», um uns auf diese Weise zu lehren, «auch gehorsam zu sein den gepoten der heiligen cristenheit». Er erwähnt ausdrücklich, daß Maria dem hl. Johannes gebeichtet habe.

Als Wegzehrung empfangen hat Maria überdies die Eucharistie; sie galt als das eigentliche Sakrament der Sterbenden. Als Wegzehrung bewahrte die Eucharistie die Seele vor dem bösen Feind und bildete ein Unterpfand künftiger Auferstehung. Kirchliche Synoden wehrten sich vom 4. bis ins 7. Jahrhundert gegen den Brauch, auch Toten die Hostie in den Mund zu legen. Vertrauen in die materielle Kraftübertragung durch Berührung beweist überdies der Brauch, einem Sterbenden, dessen Tod sich verzögert, die Kommunion am gleichen Tage wiederholt zu geben. Damit sollte erreicht werden, daß der sehr materiell aufgefaßte Schutz der Eucharistie im Augenblick des Sterbens auch tatsächlich wirksam war.

Die Art und Weise, wie Maria starb, mögen Laienchristen des Mittelalters als eine ihnen unerreichbare Utopie empfunden haben. Wer wie Maria vom Fluch der Erbsünde befreit war, der starb ohne Furcht und Schmerz und war auch nicht gehalten, sich im Widerstreit zwischen göttlichen und teuflischen Mächten zu behaupten oder durch Buße und Reue seine Seele in ein paradiesisches Jenseits zu retten. Von Dämonen ist Marias Sterbezimmer verschont geblieben. Gegen Anfechtungen des Teufels war sie kraft ihrer Heiligkeit gefeit. Tod als Strafe für begangene und ererbte Sünden hatte sie nicht zu befürchten.

Einer ungewöhnlichen Frau entsprach eine außergewöhnliche Art zu sterben. Was aber Maria für mittelalterliche Fromme dennoch zu einer erreichbaren Symbolgestalt machte, war das Verlangen nach einem Scheiden aus dem Leben, das wissend angenommen und durch die Gnadenmittel der Kirche gestärkt wurde sowie Trost erfuhr durch die Gegenwart und Sympathie derer, mit denen sie gelebt und gelitten hatten. Christen des Mittelalters, die sich an die Lehr- und Heilsangebote ihrer Kirche hielten, lebten nicht so, als ob sie nicht sterben müßten; sie starben nicht so, als ob das zuvor gelebte Leben nur ein böser Traum, eine schlimme Tragödie, ein großer Irrtum gewesen sei. Wissen um die eigene Endlichkeit, Erfahrung von Solidarität in überschaubaren sozialen Lebenskreisen, Hoffnung und Vertrauen auf das Urteil eines gerechten und liebenden Gottes stifteten Sinnhaftigkeit, die Lebende und Sterbende nicht voneinander trennte.

Einstellungen zum Tod unterliegen geschichtlichem Wandel. Heroismus, der zum Sterben weder Gott noch Menschen braucht, war den Christen des Mittelalters fremd. In letzten Augenblicken von Gott und Freunden verlassen zu sein, widersprach ihren Vorstellungen von gutem Sterben. Maria hatte ein Vorbild gegeben. Gemeinschaftlichkeit, wie sie die Apostel beim Sterben Marias vorbildhaft bewiesen hatten, verbürgte Verbundenheit zwischen Lebenden und Toten, «die Sympathie derer, die sterben werden, mit denen, die gestorben sind» (Arno Borst).

8. Tochter Zion:
Marienfrömmigkeit als Quelle und Motiv
mittelalterlicher Judenfeindschaft

Theologen, denen daran liegt, Marias Rolle in der christlichen Heilsgeschichte zu ergründen, beschreiben sie als Erfüllung der an Israel ergangenen Verheißungen und als Beginn einer neuen Heilszeit. Sie tun das im Hinblick auf die von dem Evangelisten Lukas beschriebene Verkündigungsszene. Als nämlich der Engel Gabriel nach Nazaret kam, um Maria die Botschaft Gottes zu überbringen, sagte er zu ihr: «Freue dich, du Gnadenvolle, der Herr ist mit dir.» (Luk. 1,28) Dieser Gruß des Engels gleicht einer prophetischen Verheißung, durch die der Prophet Zefanja (um 630 v. Chr.) Israel ermutigt und mit neuer Hoffnung erfüllt hatte. Sie lautet: «Juble, Tochter Zion! Jauchze, Israel / Freu dich, und frohlocke von ganzem Herzen, / Tochter Jerusalem!» (Zefanja 3,14) Für Theologen, die die Schriften des Alten Bundes im Lichte des neutestamentlichen Christusgeschehens auslegten, ist Maria die von dem Propheten «angeredete Tochter Zion, der zugerufen wird ‹Freue dich›; der gesagt wird, daß der Herr zu ihr kommt; der die Furcht genommen wird, weil der Herr in ihrer Mitte ist, sie zu retten». Maria «ist in Person das wahre Zion, auf das sich die Hoffnungen in allen Verwüstungen der Geschichte gerichtet haben. Sie ist das wahre Israel, in dem Alter und Neuer Bund, Israel und Kirche trennungslos eins sind. Sie ist das ‹Volk Gottes›, das Frucht trägt aus Gottes gnädiger Macht.» In Maria sind «Alter und Neuer Bund wirklich eins». Maria «ist ganz Jüdin, ganz Kind Israels, des Alten Bundes und damit Kind des Bundes überhaupt, ganz Christin: Mutter des Wortes». Marienverehrung sei deshalb «das Hingerissen werden von der Freude darüber», daß es in der Person Marias «das wahre Israel unzerstörbar gibt; sie ist das glückselige Einschwingen in die Freude des Magnificat und damit Lobpreis dessen, dem sich die Tochter Zion verdankt und den sie trägt als die wahre, unverwesliche und unzerstörbare Lade des Bundes».

Joseph Kardinal Ratzinger, von dem diese typologische Identifikation zwischen Maria und der Tochter Zion stammt, sucht den mariologischen Sinn einer alttestamentlichen Grußformel einsichtig zu machen. Die Verheißung an die Adresse Israels gelte, im Lichte ihrer neutestamentlichen Erfüllung betrachtet, Maria, der wahren Tochter Zion: «Gott wird kommen als Retter, er wird in ihr wohnen.» Das Wohnen Gottes im Schoß Israels, d. h. in der Bundeslade, werde «ganz wörtlich Wirklichkeit in der Jungfrau von Nazareth, die so zur wahren Bundeslade in Israel wird, wodurch das Symbol der Lade eine unerhörte Kraft der Realität erhält: Gott im Fleisch eines Menschen, das nun sein Wohnsitz wird inmitten der Schöpfung».

Theologische Reflexion ist eines, fromme Praxis ein anderes. Marienfrömmigkeit in der Zeit des Mittelalters nährte nicht nur den Glauben an göttliche Verheißungen, die sich in Maria erfüllt hatten. Marienfrömmigkeit stiftete nicht nur Liebe zu dem, den Maria getragen und geboren hatte. Maria, eine jüdische Frau und Mutter, ließ im alltäglichen Leben ein Bewußtsein der Zusammengehörigkeit zwischen Juden und Christen nicht aufkommen. Maria trennte, grenzte aus, rief Kontroversen und Konflikte hervor. Subtile Formen der Abgrenzung gibt bereits die Mariologie hochscholastischer Theologen zu erkennen. Folgt man dieser, bewährte sich Maria nur als Vermittlerin zwischen Heiden- und Judenchristen. Nur Heiden und Juden, die sich hatten taufen lassen, machte sie in der einen Kirche zu einer Gemeinschaft von Brüdern und Schwestern.

Als Mutter Gottes beglaubigte Maria die Leiblichkeit und das Menschsein Jesu. Als Jungfrau, die wunderbar empfangen und jungfräulich geboren hatte, gab sie Gewähr für die göttliche Abkunft ihres Sohnes. Die Geburt und Messianität des in Maria

Mensch gewordenen göttlichen Logos bildeten Schlüsselthemen, über die Juden und Christen im Mittelalter leidenschaftlich debattierten. Einstellungen, denen die Anerkennung religiöser Andersheit fremd war, erschwerten den Dialog. Der Gott Israels war ein eifersüchtiger Gott (Ex. 34,14), der neben sich keine fremden Götter duldete, schon gar nicht einen Sohn, der menschliches Fleisch angenommen hatte. Die christliche Kirche andererseits fühlte sich für das durch Christus erschlossene Heil verantwortlich, das nur denen zuteil wurde, die glaubten, was die Kirche lehrte.

In jüdischer Sicht verhielten sich die Christen wie abtrünnige Götzendiener. Abtrünnig geworden seien die Christen deshalb, weil sie den von der Tora vorgezeichneten Heilsweg verlassen haben. Dem unaussprechlichen Namen Gottes noch den eines Menschen, seines angeblichen Sohnes Jesus, hinzuzufügen, sei platter Götzendienst. Juden, so behaupteten christliche Theologen mit gleichbleibender Hartnäckigkeit, seien blind, verstockt und hätten ein Herz aus Stein. Über ihren Augen liege ein Schleier, der sie daran hindere, ihre Schriften, die auf Christus und Maria verweisen, richtig zu lesen und zu deuten. Propheten, von denen sie zur Umkehr gemahnt wurden, hätten sie getötet. Durch die Kreuzigung Jesu habe das jüdische Volk «das Maß seiner Sünden» voll gemacht. Einen Geist gegenseitiger Duldung ließen solche Einstellungen und Überzeugungen nicht aufkommen.

Der Verfasser des Protoevangeliums des Jakobus, einer apokryphen Kindheitsgeschichte aus dem 2. nachchristlichen Jahrhundert, läßt eine ungläubige Hebamme namens Salome zu Maria sagen: Ein «nicht geringer Streit besteht um dich». Der Satz ist symptomatisch für die konfliktträchtige Suche nach Antworten auf die Frage nach Marias Rolle in der Geschichte der Erlösung. Marias Jungfräulichkeit war zwischen Christen und Juden strittig. Christen glaubten an die jungfräuliche Gottesmutterschaft Marias. Von jüdischer Seite wurde behauptet, Jesus sei das uneheliche Kind einer Frau aus Galiläa gewesen, die sich mit einem römischen Soldaten namens Panthera eingelassen habe. In den Augen der Juden verdankte der christliche Messias seine

Existenz einem Fehltritt Marias; er ging aus einer Schwangerschaft hervor, die Maria eigentlich nicht gewollt hatte. Die
christliche Kirche empfand eine solche Auffassung als Blasphe-
mie. Ihre theologischen Wortführer suchten zu widerlegen, was
Christen kränkte und verletzte. Zu diesem Zweck erfanden
sie eine Gegenlegende. Diese schildert den Vorgang der Geburt
Jesu so:

Josef suchte eine Hebamme, die seiner Frau bei der Geburt
ihres Kindes behilflich sein sollte. Mit dieser betrat er die Höhle,
in die sich Maria zurückgezogen hatte. Die Höhle wurde von
einer dunklen Wolke überschattet, weswegen weder Josef noch
die Hebamme sehen konnten, wie Maria ihr Kind zur Welt
brachte. Nachdem es da war, verbreitete sich strahlende Hellig-
keit in der Höhle. Als die Hebamme sah, wie das neugeborene
Kind die Brust seiner Mutter nahm, brach sie in den Jubelruf
aus: «Was für ein großer Tag ist das heute für mich, daß ich dies
nie dagewesene Schauspiel gesehen habe.» Danach verließ sie
die Höhle. Als sie wieder im Freien war, traf sie ihre Kollegin Salome und teilte dieser voll Freude mit: «Salome, Salome, ich habe dir ein nie dagewesenes Schauspiel zu erzählen: eine Jungfrau
hat geboren, was doch ihre Natur nicht zuläßt.» Salome gab
sich skeptisch; sie wollte, ehe sie glaubte, an Maria einen Jung-
fräulichkeitstest vornehmen und sagte lauthals: «So wahr der
Herr, mein Gott, lebt, so werde ich nicht glauben, daß eine Jungfrau geboren hat». Sie ging deshalb in die Höhle und sagte zu
Maria: «Lege dich bereit, denn ein nicht geringer Streit besteht
um dich.» Als die ungläubige Salome mit der Untersuchung Marias beginnen wollte, brach sie in ein Wehgeschrei aus. Mit
schriller, ohrenbetäubender Stimme lamentierte sie: «Wehe über
meinen Frevel und meinen Unglauben; denn ich habe den lebendigen Gott versucht; und siehe, meine Hand fällt von Feuer ver-
zehrt von mir ab.» Weil sie ihr frevelhaftes Vorhaben bereute,
kam ein Engel und sagte zu ihr: Faß «das Kind an, so wird dir
Heilung geschehen!» Sie gehorchte, und ihre Hand wurde wieder gesund. Das Heilungswunder machte die jüdische Hebamme zur Zeugin für die jungfräuliche Geburt des christlichen Erlösers. Offenkundig mußte die frühchristliche Kirche darauf be-

dacht sein, daß ihr Wahrheitsanspruch von jüdischen Zeugen beglaubigt wurde.

Legendenbildung ist eine Ebene der im Mittelalter geführten jüdisch-christlichen Debatte; der theologische Disput anhand alt- und neutestamentlicher Schriften eine andere. Der Regensburger Rabbiner Ephraim ben Isaak argumentierte in der Mitte des 12. Jahrhunderts theologisch und griff zugleich auf Motive aus dem jüdischen Volksbuch *Toldoth Jeschu* zurück, um sich gegen eine Umwelt zu behaupten, die aus Juden Bürger minderen Rechts machte, ihnen feindlich gesonnen war und sie, wenn latente Abneigung in offene Aggression umschlug, mit Gewalt verfolgte. Im Blick auf Jerusalem, das in die Hände christlicher Kreuzfahrer gefallen war, schrieb der Regensburger Rabbiner voll Enttäuschung und Verbitterung: «Die begehrte Zionsstadt, ein Schmuckstück für jeden, der sie passierte, ist dem Grabmal zum Besitz gegeben worden.» Das Wort «Grabmal» benutzte Ephraim ben Isaak als Metapher für die abendländische Christenheit, die beanspruchte, daß sie allein die einzig rechtmäßige Besitzerin des Grabes Jesu sei. Jerusalem, so fuhr der Regensburger Rabbiner fort, sei seinen rechtmäßigen Besitzern entrissen worden «wegen des Leichnams des Sohnes einer Frau, die die Beine für jeden gespreizt hielt, der vorbeikam. Er selbst [gemeint ist Jesus] rezitierte magische Sprüche. Fürwahr, die Sünde der Zauberei ist Widerstand [gegen Gott].»

Polemische Schriften haben einen «Sitz im Leben». Sie antworten auf Herausforderungen ihrer Umwelt, grenzen ab und dienen der Identitätswahrung jener, in deren Interesse sie geschrieben wurden. Im Hinblick auf die alles andere als duldsam anmutenden «Ausfälle Ephraims gegen die Christen und ihre Religion» darf «nicht außer acht gelassen werden, daß die kirchliche Adversus-Judaeos-Polemik christlicher Theologen im 12. Jahrhundert auf europäischer Ebene ein bis dahin nicht gekanntes Ausmaß an Beschimpfungen und Verunglimpfungen der Minderheit erreicht hatte». Die «Invektiven Ephraims» bilden eine «analoge Gegenposition» zur Diskriminierung der jüdischen Religion durch zeitgenössische christliche Autoren (Hans-Georg von Mutius).

Symptomatisch für den Stil, dessen sich jüdische Rabbiner bedienten, um ihren Glauben zu verteidigen, sind die Äußerungen des Regensburgers Ephraim nicht. Gemeinhin waren es Argumente theologischer Art, deren sich jüdische und christliche Theologen bedienten, wenn sie im Lichte ihrer gegensätzlichen Gottesbegriffe über Jesus und Maria diskutierten. Der jüdische Gottesbegriff, der auf der Unwandelbarkeit Gottes beharrte, sperrte sich gegen die Vereinbarkeit einer göttlichen mit einer menschlichen Natur in der Person Jesu Christi. Mit der Vorstellung, «Gott habe von einem Weibe geboren werden wollen», war er nicht in Einklang zu bringen. «Hat etwa Gott, der Unsichtbare und Unwandelbare, gezeugt?» fragten jüdische Gelehrte, um den christlichen Gedanken von der Menschwerdung Gottes ad absurdum zu führen. Wie habe Gott als der ewig Gleiche, gaben sie zu bedenken, sich wandeln und die Gestalt eines Menschen annehmen können? Die Vorstellung, daß Jesus als der verheißene Erlöser ohne männlichen Samen gezeugt und von einer Jungfrau geboren worden sei, widersprach ihrer Ansicht nach der messianischen Verheißung der Bibel, derzufolge der Erlöser dem Samen Abrahams entstammen solle (Gen. 22,8). Theologische Spekulationen und biblisches Zeugnis zogen Grenzen des gegenseitigen Verstehens. Juden, die am historischen Wortsinn ihrer heiligen Schriften festhielten, konnten, anders als die Christen, in diesen keinen Hinweis auf Maria finden. Über eine Jungfrau, die den Messias zur Welt bringen würde, war aus den Büchern des Alten Testaments nur dann etwas zu erfahren, wenn man die Psalmen Davids und die Schriften der Propheten allegorisch deutete. Allegorische Schriftauslegung lehnten aber die Juden kategorisch ab. Sie lasen die biblischen Urkunden nicht wie die christlichen Theologen, die glaubten, hinter den Wörtern, Sätzen und Metaphern des Alten Testaments einen tieferen geistlichen Sinn freizulegen zu können, sondern als Bücher, die Gott als Schöpfer der Welt und Herr der Geschichte erfahrbar machten.

An der allegorischen Schriftauslegung christlicher Theologen nahmen die alttestamentlichen Schriftbeweise, mit deren Hilfe sie die jungfräuliche Geburt Jesu begründen wollten, einen breiten Raum ein. Sie beriefen sich auf die Weissagung des Jesaja (7,14), wonach eine Jungfrau den Messias empfangen und gebären werde; auf das verschlossene Tor des Tempels (Ez. 44,2), das zu durchschreiten nur Jahwe erlaubt sei; auf den brennenden Dornbusch (Ex. 3,2), in dem sich Gott Mose gezeigt habe. Wie der Dornbusch gebrannt habe, ohne zu verkohlen, so habe Maria Feuer geboren, ohne in ihrer Jungfräulichkeit versehrt zu werden.

Um ihre jüdischen Gesprächspartner von der Geburt Jesu durch eine Jungfrau zu überzeugen, erinnerten christliche Theologen außerdem an die Allmacht Gottes, an der auch Juden nicht zweifeln würden. Die jungfräuliche Gottesmutterschaft sei mit den wunderbaren Großtaten Gottes zu vergleichen, durch die Jahwe bereits im Alten Testament seine Allmacht geoffenbart habe: mit der Erschaffung Evas, die Gott ohne Liebesumarmung und männlichen Samen aus der Rippe Adams geformt und belebt habe; mit dem Durchzug der Israeliten durch das Rote Meer, dem Manna in der Wüste (Ex. 16,1 ff), dem Wasser, das Mose aus dem Felsen schlug (Ex. 17,6), dem brennenden, aber nicht verbrennenden Dornbusch (Ex. 3,2).

Wenn Rabbiner das christliche Marienbild in Frage stellten, wußten sie, was sie taten. Mit der Jungfräulichkeit und Gottesmutterschaft Marias stand und fiel sowohl die Messianität Jesu als auch die Dreifaltigkeit des christlichen Gottes. Traf die von jüdischer Seite gemachte Behauptung zu, daß Gott keine Ehe führe, um mit einer Jungfrau einen Sohn zu zeugen und mit diesem seine Herrschaft zu teilen, wurde das christliche Dogma seines tragenden Fundamentes beraubt.

Christliche Theologen wußten um die Gefährlichkeit einer solchen Herausforderung. Sie widersprachen. Ihr apologetisches Interesse brachte eine Unsumme von Streitschriften hervor. Ihren Dialogen und Disputationen mit jüdischen Theologen und deren Schriften lag eine doppelte Absicht zugrunde: Zum einen wollten die christlichen Apologeten ihre jüdischen Kontrahenten bekehren, zum anderen hielten sie es für eine unumgängliche Pflicht, christliche Glaubenswahrheiten gegen Zweifel und Anfechtungen zu verteidigen.

In erbaulichen Texten, die zur Betrachtung der Passion anregen sollten, machten christliche Autoren Maria zum Sprachorgan judenfeindlicher Äußerungen. Als solches betätigte sich Maria, wenn sie den Tod ihres Sohnes beklagte. O ihr gottlosen Juden und Mörder Christi, heißt es in einer Marienklage des 13. Jahrhunderts, die ihr euch gegen Gott ungerecht und gegen euren Schöpfer ungerecht verhalten habt. Hat er euch, fragte Maria vorwurfsvoll, nicht in der Wüste mit Manna gespeist? Hat er nicht durch Mose das Rote Meer getrennt, daß ihr schadlos durchziehen konntet? Hat er euch nicht ins Land der Verheißung geführt?

In den Passionsspielen des 15. Jahrhunderts machte Maria die ungetreuen Juden für das ihr angetane «hertzleit» verantwortlich. An Maria schieden sich die Geister. Friedfertiges Zusammenleben kam nicht dadurch zustande, daß sich Juden und Christen – ungeachtet ihrer verschiedenartigen Glaubensauffassungen – gegenseitig duldeten. Annäherung und Gemeinsamkeit konnten in den Augen christlicher Autoren nur durch Wunder bewirkt werden, die feindlich gesinnte Juden die Macht Marias spüren ließen. Die *Legende vom Judenknaben* zeigt das überaus einprägsam und anschaulich.

Die im Mittelalter ausnehmend weit verbreitete und auch bildhaft dargestellte Geschichte, wie sie Gregor von Tours (gest. 594) wiedergibt, nimmt folgenden Verlauf: Ein jüdischer Knabe besucht mit seinen christlichen Spielgefährten eine der Gottesmutter Maria geweihte Kirche und geht mit diesen zur Kommunion. Von seinem darüber erbosten Vater wird er zur Strafe in den Ofen geworfen. Durch die Jungfrau Maria aber wird er auf wunderbare Weise vom Tode errettet. Die Frau, so erzählt der Junge, um das Wunder der Errettung den aus der Stadt herbeigeeilten Christen und Juden zu erklären, die in jener Kirche, in der er das eucharistische Brot empfangen habe, auf dem Altar thront und ihr kleines Kind auf dem Schoß trägt, habe ihn mit ihrem Mantel zugedeckt, damit ihn das Feuer nicht verschlinge. Der Knabe glaubte und ließ sich taufen. Viele Juden folgten seinem Beispiel und sind gerettet worden. Den Vater des durch Maria geretteten Knaben warf die aufgebrachte Menge ins

Feuer. Der Urheber des Verbrechens verbrannte nahezu vollständig, so daß von seinen Knochen kaum noch etwas übrig blieb.

In Legendenform und in bildlichen Darstellungen publik gemacht wurden überdies zahlreiche Bildfrevel, die Juden begangen haben sollen, um dem alttestamentlichen Bilderverbot Geltung zu verschaffen und die Bilderverehrung der Christen zu diskreditieren. Marienverehrung und Judenfeindschaft gingen im späten Mittelalter eine verhängnisvolle Allianz ein. Ihre Folgen sind nicht allein an der aggressiven Kälte ablesbar, mit der von christlichen Autoren Bildfrevel beschrieben wurden, die Juden begangen haben sollen. Die Tatsache, daß Synagogen und Judenschulen abgerissen und in Kirchen zu Ehren Marias umgewandelt wurden, verweist auf Formen unduldsamer Gewalt, von denen christliche Obrigkeiten gegenüber Juden zunehmend Gebrauch machten.

Überall, wo Synagogen in Kultstätten zu Ehren Marias umgewidmet wurden, waren Vertreibung und Verfolgung im Spiel. Nicht weniger als sechzehn Synagogen sind im deutschsprachigen Raum – in Bayern, Franken, Sachsen und Böhmen – zwischen 1349 und 1519 in Marienkirchen umgewidmet worden. Synagogen ohne bauliche Veränderungen in Marienheiligtümer zu verwandeln oder sie gänzlich abzureißen, um an ihrer Stelle neue Kirchen zu errichten, löste Triumphgefühle aus, die in der Überzeugung bestärkten, daß die Kirche die Synagoge überwunden, dem lebendigen Geist zum Sieg über den toten Buchstaben verholfen habe. Wo Juden ausgewiesen und ihre Synagogen in Kirchen umgewandelt wurden, kam in legitimatorischer Absicht auch immer Maria ins Spiel.

Das Wissen darum, daß Maria einmal eine jüdische Mutter war, ging in den Kontroversen und Konflikten, die christliche Autoren des hohen und späten Mittelalters mit der Judenschaft ihrer Zeit austrugen, völlig verloren. Zu einer Zeit, in der sich das Verhältnis zwischen Juden und Christen zunehmend verschärfte, waren Stimmen der theologischen Vernunft und der humanen Duldung kaum oder überhaupt nicht mehr zu vernehmen.

Johannes Reuchlin (1455–1522), der in Pforzheim geborene Humanist, Hebraist und Rechtsgelehrte, gehörte zu den
ausnehmend seltenen Autoren, die sich damals für eine recht-
lich garantierte Duldung der Juden einsetzten. Den Rechtssta-
tus der Juden definierte er im Anschluß an das römische Recht
als den von concives, von Mitbürgern, die, ausgestattet mit
allen Bürgerrechten, dem Schutz des öffentlichen Rechts un-
terstehen und nicht privater Willkür ausgeliefert werden dürfen. Er will sie zu jenen «Nächsten» gezählt wissen, die zu lieben
Christenpflicht sei.

9. Soziale Kontexte:
Von der Magd des Herrn zur adligen und
königlichen Herrin

Martin Luther mutmaßte in seiner Auslegung des *Magnificat*,
Maria sei eines «gemeinen armen Burgersz tochter geweszen,
auff wilche niemant grosz gesehen noch acht gehabt». Sie sei
nicht mehr gewesen als heutzutage «ein arm hawsz magt, die da
thut, was man sie ym hausz zu thun heisse». Mittelalterliche
Theologen machten sich Gedanken über den «Adel Marias»,
um ihrer Abstammung aus dem Geschlecht König Davids gerecht zu werden. Sie boten Titulaturen der weltlichen Adelsgesellschaft auf, um für Marias irdischen und himmlischen Rang
eine angemessene Sprache zu finden. Sie rühmten Maria als «himelische burg-grâvîn», als «hymlischiu fürstinne», als «wirdige
herzogin aller welt», als «milde, edele kunigin»; sie wurde angerufen als «edel», «almechtige» und «himelische keiserin» oder
als «keyserin himels und ouch erden». Das rheinische Marien-
lob, eine Dichtung des 13. Jahrhunderts, charakterisiert Maria
nicht nur als «Muoder der barmherzicheide»; es rühmt sie auch
als «allergeweldigst keiserinne», als das «alleredelst aller wive»,
das an «edelcheit» alle Fürsten und Fürstinnen übertrifft. Die
Befunde sind evident: Theologie, Dichtung und Frömmigkeit

des Mittelalters öffneten sich der Begrifflichkeit und den Wertvorstellungen ihrer adligen Umwelt.

Marias Adel war kein Thema der apostolischen Verkündigung. Das braucht nicht zu verwundern. Jesus fühlte sich zu den Armen und Erniedrigten gesandt, nicht zu den Reichen, die im Überfluß leben und keine Not leiden. Mit dem sozialen Status der Heiligen Familie war überdies kein Staat zu machen. Als galiläische Stadt hatte Nazaret keinen guten Ruf. Land und Ort besaßen anstößige Namen. Die Lebensverhältnisse der Heiligen Familie entbehrten des Glanzes, den man von Nachfahren einer Königsdynastie hätte erwarten können. Jesus, Maria und Josef lebten von den Erträgen, die Josefs Handwerk abwarf. Spätmittelalterliche Maler stellten Josef als Mann dar, der in seiner Werkstatt von Hobel, Beil und Winkeleisen fachmännischen Gebrauch macht. Der kleine Jesus, der seinem Vater hilft und auf dem Boden Späne aufliest, trägt seinen Teil dazu bei, den Eindruck einer Familienidylle entstehen zu lassen, die von Existenzsorgen entlastet war.

Den Nährvater Jesu als Zimmermann abzubilden, entspricht dem biblischen Sprachgebrauch. Die Bewohner Nazarets hatten Jesus einen «Sohn des Zimmermanns» (Matth. 13,35) genannt. «Niedrigkeit» steht in Marias *Magnificat* als Synonym für Armut. Gott hat auf die «Armut seiner Magd» herabgeschaut, als er Maria erwählte, Mutter seines Sohnes zu werden. Niedrigkeit ist eine Selbstbezeichnung von Armen. Im Raum der altorientalischen biblischen Armenfrömmigkeit hat sie ihren religiösen und gesellschaftlichen Ort. Marias Bereitschaft, sich zum Werkzeug von Gottes Menschwerdung zu machen, ist verbunden mit wirklicher Armut. Bei dem Reinigungsopfer im Tempel nach der Geburt Jesu bringt Maria ein Paar Turteltauben dar, die Gabe armer Leute. Mittelalterliche Theologen konnten deshalb auch zu Recht die Auffassung vertreten, Maria habe – wie viele Frauen aus den Unterschichten der orientalischen Welt – durch Nähen ihren Lebensunterhalt verdient. Albertus Magnus (um 1200–1280) bezeichnete Maria als «Handarbeiterin». Bischof Antoninus von Florenz (1389–1459) rechnete Maria zum niedrigen, verachteten «Stand der Mägde».

Luther hielt sie für ein «armes meidlin», deren Nichtigkeit und
Verworfenheit Gott angesehen habe, ihr «grosse ding» zu verkünden.

Der Evangelist Lukas beschreibt Erfahrungen und Hoffnungen einer Frau, die zu den Sklaven und Armen gehört. Ihr Lobpreis hat alttestamentliche Vorbilder. Auch Hanna, die Mutter
des Propheten Samuel, konnte sich rühmen, daß der Herr die
Niedrigkeit seiner Magd angesehen habe (1. Sam. 1,11). Auch
Hanna hoffte auf Gottes verändernde Macht, als sie bekannte:
«Der Herr macht arm und macht reich, er erniedrigt und erhöht. Er hebt den Dürftigen aus dem Staub und erhöht den Armen aus der Asche, daß er ihn setze unter die Fürsten und den
Thron der Ehre erben lasse» (1 Sam. 2,7–8). Als prophetische
Sängerin rühmt Maria das Heilshandeln Gottes in der nunmehr
angebrochenen Gnadenzeit so: «Er hat Macht geübt mit seinem Arm, hat zerstreut, die hochmütig sind im Sinne ihres Herzen. Er hat Mächtige vom Thron gestürzt und Niedrige erhöht.
Hungernde hat er mit Gütern erfüllt und Reiche leer davonge-
schickt» (Luk. 1,51–53). In beiden Liedern verbinden sich religiöse und politische Hoffnungen auf eine Umgestaltung der sozialen Ordnung. Daß Gott die «Niedrigkeit seiner Magd» angesehen hat, verweist auf den Beginn der Endzeit, in der die Stolzen
zerstreut und die Gewalthaber gestürzt, die frommen Armen
aber erhöht werden.

Die tatsächliche Armut Jesu und seiner Mutter blieben im Bewußtsein der spätantiken und mittelalterlichen Kirche stets
gegenwärtig. Kirchenväter, früh- und hochmittelalterliche Bibelausleger haben immer wieder in Erinnerung gebracht, wie arm
die Lebensbedingungen waren, unter denen der Messias aufwuchs. Dennoch zeichnen sich in der Wahrnehmung und Deutung von Marias Armut Akzentverschiebungen ab. Bereits im
Marienbild der Kirchenväter verlor der Armutsgedanke seinen
konkreten sozialen Bezug. Er wurde spiritualisiert und als innere seelische Verfassung gedeutet. Je mehr Menschen der gesellschaftlichen Oberschicht in den christlichen Gemeinden Aufnahme fanden, desto stärker trat das Motiv der Armut in den
Ausführungen über Maria zurück. Um so stärker richtete sich

das Interesse der spätantiken Theologen auf die Abstammung Marias von König David.

Einen Stammbaum, der über Marias Eltern und ihre Stammeszugehörigkeit Auskunft gibt, enthalten die Evangelien nicht. Die Geschlechtsregister, die Matthäus (1,1–17) und Lukas (3,23–38) auflisten, wollen zeigen, daß Jesus ein Nachfahre König Davids war. Davidssohnschaft machte Jesus zu einem Verheißungsträger, der erfüllte, was die Propheten vorausverkündet hatten. Vermittelt wurde die Abstammung von König David durch Josef, den «Mann Marias» (Matth. 1,16), nicht durch Maria selber. Nur vom Vater her war nach jüdischer Auffassung die davidische Abstammung Jesu begründbar.

Ein solches Erfordernis warf Probleme auf. Der Messias mußte ein Sproß Davids sein. Die prophetische Verheißung konnte nur mit Hilfe Josefs, eines zweifelsfreien Daviden, erfüllt werden. Zwischen Maria und dem davidischen Königsgeschlecht bestanden keine blutsmäßigen Bindungen. Josef aber war, wie Lukas in seinem Evangelium berichtet, an der Lebensentstehung Jesu im Schoße der Jungfrau nicht beteiligt. Jungfrauengeburt setzt Geistes- und Gotteszeugung voraus. Nur unter der Voraussetzung, daß auch Maria von David abstammte, ließen sich Davidssohnschaft und Jungfrauengeburt auf einen gemeinsamen Nenner bringen.

Altkirchliche Theologen spürten diese Unstimmigkeit, zumal Kritiker des Christentums hartnäckig darauf beharrten, daß Jesus nur dann dem Samen Davids entstammen könne, wenn ihn Josef gezeugt habe. Ein solcher Einwand machte die Apologeten der alten Kirche keineswegs ratlos. Maria, so beteuerten sie, gehöre zum gleichen Geschlecht wie Josef, ihr Verlobter. Recht und Gewohnheit Israels hätten es zur Pflicht gemacht, daß sich Männer ihre Frauen aus dem eigenen Stammes- und Sippenverband nahmen. Die Überzeugung setzte sich durch: Maria war eine unbefleckte Jungfrau vom Stamme Davids. Spätantike, hoch- und spätmittelalterliche Theologen beteuerten einhellig, Maria und Josef seien eines Stammes gewesen.

Heidnische und jüdische Gegner des Christentums hingegen behaupteten, Jesus stamme aus einem jüdischen Dorf von einer

armen Handarbeiterin; diese sei von ihrem Mann als des Ehe-
bruchs schuldig verstoßen worden und habe, ehrlos herumir-
rend, Jesus heimlich geboren; dieser habe sich in seiner Armut
als Tagelöhner nach Ägypten begeben und sich dort ägyptische
Zauberkräfte zu eigen gemacht, dann sei er zurückgekehrt und
habe sich mit diesen Kräften öffentlich zum Gott erklärt.

Das Bemühen der frühchristlichen Apologeten, die Anhänger
Jesu vom Vorwurf sozialer Niedrigkeit zu entlasten, trug dazu
bei, daß von Maria das Bild einer Frau herrschend wurde, die
durch ihre sittliche Vollkommenheit alle Sterblichen überragte,
von Gott zum unvergleichlichen Werkzeug seines Erlösungshan-
delns erwählt und nach ihrem Tod in den Himmel aufgenommen wurde, wo sie als Königin der Engel, aller Heiligen und
aller Märtyrer an der königlichen Würde Christi teilnimmt. Der
theologischen Rangerhöhung entsprach eine soziale: Maria
wurde zur Tochter reicher Eltern.

Die ersten Schritte zu einer sozialen Rangerhöhung Marias
unternahm das Protoevangelium des Jakobus, eine mit zahlreichen legendären Motiven angereicherte Darstellung der Geburt
und Kindheit Jesu. Dessen Verfasser schildert Marias Vater Joachim als einen «sehr reichen Mann», der «alle seine Opfergaben
für den Herrn doppelt» darbrachte. Demnach besaß Joachim
große Viehherden und gebot über Hirten. Anna, Marias Mutter,
erscheint als Frau, die sich von einer Sklavin bedienen läßt. Die
Stoßrichtung des apokryphen Textes ist eindeutig: Jesus sollte
von einer wohlhabenden Mutter geboren werden.

Sich mit dem gegen die Kirche erhobenen Vorwurf der sozialen Niedrigkeit auseinanderzusetzen, gehörte zum apologetischen Geschäft altchristlicher und mittelalterlicher Theologen.
Ihr stärkstes Argument bildete die davidische Abstammung Marias. Wer erwiesenermaßen von einem König abstammte und in
einer Familie aufwuchs, die zu den Priestergeschlechtern Israels
zählte, war gegen soziale Deklassierung gefeit.

In der Adelsgesellschaft des frühen Mittelalters, in der aristokratische Führungseliten durch ständisch angemessene Glau-
bensvorstellungen für das Christentum gewonnen werden mußten, stellte sich die Frage nach der Abstammung von Jesus und

Maria als dringliches Problem der christlichen Mission. Adligen Oberschichten des frühen Mittelalters war es nur schwer begreiflich zu machen, daß der im Himmel thronende Erlöser, der Allherrscher und endzeitliche Richter, durch eine unfreie, niedrige Magd geboren worden sei. Eine in Armut lebende Gottesmutter und ein Gottessohn, der die Todesstrafe eines sozial deklassierten Rechtsbrechers hatte erleiden müssen, waren Tatbestände, die quer lagen zur religiösen und sozialen Vorstellungswelt des frühmittelalterlichen Adels. Der «Adel der heiligen Gottesmutter Maria» wurde deshalb zu einem Leitthema karolingischer Mariologie. Eine an adligen Wertbegriffen orientierte Religiosität nährte das Bemühen, den sozialen Rang Marias anzuheben, um die soziale Distanz zwischen der «Magd des Herrn» und ihren Verehrerinnen aus dem weltlichen Adelsstand abzubauen. Glaubensboten und Kirchenmänner des frühen Mittelalters waren gehalten, ihre Heilslehre so vorzutragen, daß sie der adligen Herrenschicht anziehend und akzeptabel erschien. Die erfolgversprechende Verchristlichung des Adels erforderte die Entfaltung von Lehrgehalten, in denen Adelige ihre von einer aristokratischen Lebenswelt geprägten Vorstellungen ausgedrückt und bestätigt fanden. Nur mit einer adligen Maria konnte sich die adlige Führungsschicht identifizieren. Strukturelle Analogien zwischen der Lebenswelt Marias und der Welt des frühmittelalterlichen Adels sollten zum Bewußtsein bringen, daß es Gottes Absicht war, Adlige zu Trägern und Vollstreckern seiner Heilspläne zu machen. Maria, die als Frau von Stand und Adel beschrieben und gepredigt wurde, erfüllte eine legitimatorische Funktion.

Im späten Mittelalter wurde Marias Adel als Argument bemüht, um die kirchlichen Adelsprivilegien gegen ihre humanistischen Kritiker zu verteidigen. Der Züricher Chorherr Felix Hemmerlin (1389–1458/59) wertete Marias adlige Abstammung als Empfehlungs- und Rechtfertigungsgrund für den Vorrang der Adligen in der streitenden Kirche. Bischofsstühle und Domkapitel nur mit Männern des Adels zu besetzen, sei durch Maria gerechtfertigt. Johannes Geiler von Keysersberg (1445–1510) brachte die aristokratische Exklusivität der Straß-

burger Bischofskirche in einen Zusammenhang mit der edlen
Abstammung Marias. Geiler, wohl der damals bekannteste Prediger in Deutschland, räumte der städtischen Kathedrale den
höchsten Adelsrang ein, weil sie kraft ihrer Statuten nur an
hochgeborene, erlauchte Männer Kanonikerpfründen vergebe.
Illustren Kanonikern entspreche eine adäquate Patronin: die
Jungfrau Maria, die aus königlichem Geschlecht stamme.

Hoch- und spätmittelalterliche Legenden modellierten das
Bild einer Maria, die aktiv ins Turniergeschehen eingriff, um
ihren ritterlichen Verehrern zu helfen. Ein solches Verhalten
der Gottesmutter war ungewöhnlich. Sie unterstützte, was
kirchliche Rechtssatzungen verboten. Die Kirche war – zumin-
dest der offiziellen Rechtstheorie nach – nicht bereit, Adligen,
die bei Turnieren den Tod gefunden hatten, einen Begräbnis-
platz in geweihter Erde einzuräumen. Adlige, die bei einem
Turnier ums Leben gekommen waren, bezeichnete Caesarius
von Heisterbach (um 1180–1240) als «Truppe des Teufels», die
«nach ihrem Tod in größeren Gruppen weiter gegeneinander
kämpfen».

Maria heilte Falken, um Adligen beim Jagen zu helfen, sie
bewährte sich als Schutzherrin von Burgen, als Hauptfrau und
Schirmherrin des Deutschen Ordens sowie als Patronin von Rit-
tergesellschaften. Die Brüder des aus dem Adel stammenden
Deutschen Ordens fühlten sich als «Marienritter». Als solche
pflegten sie an hohen Marienfesten ihre Kriege gegen die Heiden
zu beginnen. Maria leistete Schlachtenhilfe und sorgte sich um
ihre im Krieg verletzten Schutzbefohlenen. Das Land des Deutschen Ordens, behaupteten dessen Chronisten, sei der «mutter
gottes erbland». Wer ihm Schaden zufüge, entehre zugleich die
Gottesmutter Maria. Als Frau von Adel rechtfertigte Maria reli-
giös-soziale Selbstdeutungen des mittelalterlichen Adels; sie
erfüllte dessen Erwartungen und trat für dessen Interessen ein.
Zwischen Maria und der adligen Herrschaft bestanden Wahl-
verwandtschaften.

Sichtweisen und Wahrnehmungsformen, die sich insbesondere auf den Adel Marias richteten, blieben nicht ohne Einfluß auf
die Kunst. Bilder zeigen Maria vielfach als höfisch-elegant ge-

kleidete Frau. Für damalige Betrachter war offenkundig, daß die Kleidung Mariens nicht die der Frau eines Zimmermanns sein konnte. Der lange Mantel ist ein hochherrschaftliches Kleidungsstück; an adligen Lebensstil erinnert überdies die Länge des Kleides, die es unmöglich macht, die alltäglichen Haus- und Berufsgeschäfte einer gewöhnlichen Frau zu erfüllen. Arbeitende Frauen trugen kürzere Kleider. In italienischen Bildwerken aus der zweiten Hälfte des 15. Jahrhunderts begegnet Maria als eine schlanke, mädchenhafte Frauengestalt von jugendlich anmutiger Schönheit, die in Haltung und Ausdruck eine vornehme Abkunft verrät. Die Madonnen des Sandro Botticelli (1444/45–1510) erinnern in ihren Gesichtzügen an Adlige der Zeit. Die Madonna mit dem langen Hals, ein um 1535/40 entstandenes Bild des Girolamo Parmigiano, trägt durch ihre schlanken Glieder, ihre aparte Frisur und ihre zarten, gepflegten Hände Züge einer großen Dame, der anstelle des Jesusknaben ein nackter Putto in den Schoß gelegt zu sein scheint.

Im Antlitz solcher Marien spiegelt sich das Schönheitsideal einer gesellschaftlichen Elite. Maria, wie sie im Mittelalter dargestellt wurde, verkörperte Leitbilder der adligen Herrenschicht. Als Frau, die einem königlichen Geschlecht entstammte, gab sie vornehmer Abstammung gleichsam eine religiöse Weihe. Durch ihre Biographie bestätigte sie die gesellschaftliche, ethische und religiöse Bedeutsamkeit adliger Geburt und Herkunft. Maria spornte zu standesgemäßer Lebensführung an. Als Frau von Adel rechtfertigte sie die privilegierte Stellung ihrer weltlichen Standesgenossen innerhalb der Kirche. Als psalterlesende Frau gab sie edelgeborenen Frauen ein Beispiel, lesen zu lernen und sich mit geistlicher Literatur zu befassen. Höfischer Frauendienst ritterlicher Idealisten erfüllte sich im geistlichen und weltlichen Dienst für die Jungfrau Maria. Marienritter, die nur noch für Maria da sein wollten, gingen ins Kloster. Edelleute, die übers Meer fuhren, um das Heilige Land gegen die Heidenschaft zu verteidigen, durften gewiß sein, daß Maria ihren Kampfesmut im Himmel und auf Erden belohnt.

10. Maria – Schutzfrau der Bürger

Schutz und Schirm sind Grundkategorien mittelalterlichen und frühneuzeitlichen Sozial- und Verfassungslebens. Die mit Hingabe und großen Erwartungen verehrte Schutzmantelmadonna verweist auf Grenzen, Unzulänglichkeiten und Defizite weltlicher Ordnungen, deren Repräsentanten die von ihnen ausgeübte Herrschaft gemeinhin mit dem Argument rechtfertigten, ihren abgabe- und leistungspflichtigen Untertanen, Grund- und Leibhörigen Schutz und Schirm zu gewähren.

In der Wortverbindung «Schutz suchen» artikulierten mittelalterliche und frühneuzeitliche Christen ein Grundanliegen ihres Bittens und Betens zu Maria. Gefährdungen, die zu bewältigen ihre Möglichkeiten und Kräfte überstiegen, ließen sie bei Maria Hilfe und Zuflucht suchen – und dies auch dann, wenn das öffentliche Wohl städtischer Gemeinwesen und die politischen Belange von Reich und Kirche bedroht waren.

Eine Maria, die als patrona civitatis die Einheit und Dauerhaftigkeit einer städtischen Korporation repräsentierte, gab mittelalterlicher Marienfrömmigkeit eine politisch-rechtliche Dimension. Als soziale Symbolgestalt begründete Maria Eintracht und Friede zwischen den Bürgern; sie integrierte, indem ihre Verehrung Gefühle der Zu- und Zusammengehörigkeit vermittelte. Sie schützte gegen Krankheit und Hunger. Sie bewährte sich als wirkmächtige heilige Schutzfrau, wenn ihre Schützlinge durch feindliche Mächte bedroht wurden. Der meditativen Innenseite der von Bürgern fürsorglich gepflegten Beziehungen zu Maria entsprach eine wirklichkeitsbezogene Außenseite. Marienverehrung und Politik stützten sich gegenseitig. Am Beispiel der Städte Konstantinopel, Siena und Straßburg, die sich Maria zu ihrer Patronin erwählt hatten, ist das unschwer abzulesen.

Die Byzantiner erfuhren Maria als ihre übernatürliche Heer-
führerein und Schutzfrau. Nach siegreich beendeten Kriegen
statteten sie ihr Dank ab. Johannes II. Komnenos (1118–1143)
ließ 1133 die Ikone der siegbringenden Maria («Nicopeia») auf
einem prunkvoll ausgestatteten Triumphwagen in die Stadt ein-
ziehen, um sie als die «unbesiegbare Heerführerin», der der Kaiser seine Siege verdankte, zu feiern. Auf dem Triumphwagen,
mit dem sein Sohn Manuel 1167 nach seinem Sieg über die Pan-
nonen in die Stadt einzog, stand «die Ikone der Gottesmutter,
der unüberwindlichen Mitstreiterin, der unbezwinglichen Gene-
ralin an der Seite des Kaisers».

Die ersten Belege für ein politisch motiviertes städtisches
Marienpatronat im abendländischen Westen stammen aus
der Mitte des 13. Jahrhunderts. Es waren die Bürger von Siena
und Straßburg, die damals die politischen Geschicke ihrer Stadt
Maria anvertrauten. Um 1250 nahm Siena, die «Stadt der Jungfrau», die Madonna in ihr Stadtsiegel auf und rief sie als Schutzherrin an. Zur Patronin der Stadt, die als fiktive Rechtspersön-
lichkeit die Kommune verkörperte, wurde Maria in dem Augenblick, als durch die von Florenz ausgehenden Feindseligkeiten
die Autonomie Sienas auf dem Spiel stand. Das war im Jahre
1260 der Fall. Damals entschlossen sich die beiden miteinander
verfeindeten Metropolen, ihre wirtschaftlichen und politischen
Interessengegensätze mit kriegerischen Mitteln auszutragen.

Um Marias Gunst und Hilfe zu erwerben, veranstalteten Sienas Bürger eine Bittprozession. Als Büßer, die ihre Schuhe aus-
gezogen und ihre Kopfbedeckung abgelegt hatten, machten sie
sich auf den Weg zum Dom, dem städtischen Marienheiligtum.
Der vom Rat der Stadt gewählte Anführer des Volkes übergab
Maria die Schlüssel der Stadt. Ein Notar brachte den Weiheakt
in eine schriftliche Form. Vertraglich verbriefte Ergebenheit
nahm Maria in die Pflicht. Als Trägerin der städtischen Schlüs-
selgewalt war sie gehalten, im Interesse Sienas ihre gesamte
Macht aufzubieten und zu helfen. Das tat sie denn auch.

Was die Sienesen in ihrem Glauben bestärkte, von Maria beschützt zu sein, war, wie ein städtischer Chronist berichtet, folgende Erfahrung: Dunkle Stellen am Himmel deuteten sie als

Marias schützenden Mantel. Am Abend des darauffolgenden Tages – es war Freitag, der 3. September des Jahres 1260 – lag über dem Lager der Sienesen «ein Schatten wie ein Mantel ausgebreitet, der fast das ganze Lager bedeckte. Dieses Wunder sahen viele Leute von Siena aus, von den Mauern und Türmen der Stadt. Die einen sagten: ‹Das ist der Rauch der großen Feuer, die sie im Lager unterhalten.› Aber andere sagten: ‹Das kann nicht sein, denn wenn es von den Feuern käme, wo würde es sich bewegen, das aber steht still und kann kein Rauch sein.› Die Andacht aber war so stark, daß sie es für den Mantel unserer ruhmreichen Mutter, der Jungfrau Maria, hielten, die das Volk von Siena beschützt.» Von anderen wurde anderwärts eine ähnliche wunderbare Verfärbung beobachtet. Personen, die sich im Heerlager der Sienesen aufhielten, sahen «über den Mauern der Stadt einen Schatten in der Gestalt eines Mantels; und da sie ihn für den Mantel der Jungfrau Maria hielten, knieten sie mit Tränen auf die Erde nieder.»

Tags darauf kam es bei Montaperti zur Schlacht. Die Sienesen kämpften im Namen der heiligen Jungfrau Maria. «Wenig nutzte es den Florentinern», meldet mit Genugtuung ein Berichterstatter der Sienesen, «den heiligen Zanobi und die heilige Liperata [Reparata] anzurufen, daß sie ihnen beistünden». Die Niederlage der Florentiner war auch eine Niederlage ihrer Stadtheiligen. Maria erwies sich als die stärkere. Die Sienesen siegten. Um den besiegten Florentinern Schmach anzutun, wurde einer ihrer Gesandten gefesselt auf einen Esel gesetzt und mit dem Gesicht nach dem Schwanz gekehrt. Die große Standarte der Gemeinde von Florenz war an den Schwanz dieses Esels gebunden und schleifte am Boden nach. Das siegreiche Heer der Sienesen zog mit Ölzweigen bekränzt, «singend und Gott und der Jungfrau Maria dankend» in die Stadt ein. Mit den Sienesen triumphierte ihre himmlische Schutzherrin.

Als Straßburgs Bürger zu Anfang des 13. Jahrhunderts Maria zu ihrer Schutzpatronin kürten, entsprang dies nicht zuletzt der Absicht, sich von der Stadtherrschaft des Straßburger Bischofs zu befreien. Als es 1262 zwischen dem bischöflichen Stadtherrn und der Straßburger Bürgerschaft zur Schlacht kam, siegten die

Schutzmantelmadonna aus einem «Heilsspiegel» («Speculum humanae salvationis»). Das Bild zeigt, wie Maria die in Stände gegliederte Christenheit gegen einen Pfeil des strafenden Gottvaters in Schutz nimmt. Gemeinhin sind es drei Pfeile – Pest, Hunger und Krieg –, derer sich Gott bedient, um die sündige Menschheit zu bestrafen. Ein Betrachter bezeichnete Maria als «die kirch», um anzudeuten, daß Maria auch als Symbol der schutzgebenden Kirche betrachtet werden kann. Überliefert ist die Federzeichnung in einer Inkunabel des Dominikanerklosters St. Blasien in Regensburg (cc. 1380–1420).

Bürger – dank der Hilfe Marias; der Bischof unterlag. Maria hatte sich nicht nur als glückbringende Schlachtenhelferin bewährt, sie hatte den Bürgern zugleich den Weg zu größerer Freiheit geebnet.

Sich Maria als schutzmächtige Frau, als Festung, Mauer und Schild vorzustellen, die Schirm und Schutz gewähren, gehörte zur religiösen Vorstellungswelt und zum religiös geformten Erfahrungshorizont der abendländischen Christenheit.

Maria sollte von Nöten und Gebrechen befreien, die Bürger beunruhigten und bedrückten – auch in Zeiten der Pest. Zeiten des großen Sterbens waren deshalb auch immer Zeiten inständiger Marienverehrung. Maria sollte Gott bewegen, doch davon abzulassen, die sündige Menschheit durch die Pest zu bestrafen. Ihre Barmherzigkeit bewies Maria dadurch, daß Pestpfeile, mit denen der strafende Gott das sündhafte Menschengeschlecht treffen wollte, an ihrem Mantel abprallten und zerbrachen. Christenmenschen, die sich nicht mehr zu helfen wußten, suchten Zuflucht bei gnadenspendenden Marienbildern. Sie gelobten Stiftungen und veranstalteten Prozessionen.

Als 1449 in Siena die Pest grassierte, gebot der Rat der Stadt, zu Ehren Gottes und Marias Prozessionen abzuhalten, bei denen neben Reliquien von Heiligen auch das im Dom befindliche Bild der majestätisch thronenden Jungfrau Maria mitgeführt werden sollte. Bittgebete wurden an den Allmächtigen gerichtet, daß er seinen Zorn dämpfe und sein «Urteil der wütenden Pest» widerrufe.

Bei Pestepidemien mit Marienbildern Prozessionen zu veranstalten, hatte in der abendländischen Christenheit Tradition. Bereits Papst Gregor der Große, so der Glaube der vielen, die für historische Tatsachen hielten, was hagiographische Texte überlieferten, habe im ausgehenden 6. Jahrhundert, als in Rom die Beulenpest wütete und das Sterben kein Ende nehmen wollte, ein Marienbild durch die Stadt tragen lassen. Papst Gregors Pestprozession bildete den Archetyp aller christlichen Pestprozessionen, die sich um ein Marienbild gruppierten. Die Attraktivität und Aktualität der von Papst Gregor angeordneten Prozession beruhte nicht zuletzt darauf, daß Rom im späten Mittelalter von zahlreichen Pestepidemien heimgesucht wurde und im 15. Jahrhundert nachgerade ein endemischer Pestherd war. Marias Pestpatronat, das sich von Papst Gregors Pestprozession herleitet, blieb auch in der frühen Neuzeit ungebrochen.

11. Militärische Kontexte: «Maria vom Siege»

Abraham a Santa Clara, der wortgewaltige Hofprediger in Wien, im schwäbischen Kreenheinstetten 1644 geboren und als Johann Ulrich Megerle dort aufgewachsen, predigte 1698: Wir als rechtgläubige Christen wissen «umb keine Kriegs-Goettin / wohl aber umb eine Schutz-Frau der Christlichen Waffen / und diese ist die gebenedeyte Mutter Gottes-Maria / wer solche im Schild fuehrt / und eyffrigst verehrt / der hat an der Victori nicht zu zweifflen». Um historische Beweise, die seinen Glauben an Marias schützende Hilfe erhärten sollten, ist Abraham a Santa Clara nicht verlegen. Herzog Maximilian von Bayern habe im Jahre 1620, als er die ketzerischen Böhmen auf dem Weißen Berg besiegte, «keinen sichrern Schild» besessen «als Mariam / zumahlen ihre Losung zum Schlagen [ihr Kriegs- und Schlacht-ruf] nichts anders gewest / als die zwey Wort Heil[ige] Maria». Maria verhilft zu militärischen Siegen, indem sie wie ein starker Schild die Feinde ihrer Liebhaber und Verehrer abwehrt. Der Schild, dem Maria gleicht und der ihre Getreuen gegen geistliche Gefahren und weltliche Gebrechen schützt, gehört zur Symbolsprache barocker Theologie und Frömmigkeit.

Aus Stellen des Alten Testaments, die Jahwes schützende Macht mit der Metapher des Schildes umschreiben, machten Prediger und Theologen Aussagen über das Wirken Marias.

Als Vorkämpferin gegen das Böse, als «Siegerin in allen Schlachten Gottes» und als Patronin der christlichen Heere gegen Häretiker und Türken prägte Maria maßgeblich die politische Religiosität des 16. und 17. Jahrhunderts. In der Schlacht von Kappel (1531) soll Maria den Truppen der katholischen Orte zum Sieg über ihre neugläubigen Widersacher geholfen haben. Zwingli und viele seiner Freunde fanden in der Schlacht den Tod. Die Truppen der Altgläubigen knieten nach altem Brauch zum Schlachtgebet nieder. Mit ausgebreiteten Armen

Maria als Schlachtenhelferin. Der hl. Mercurius, ein ehemaliger römi-
scher Offizier, soll gegen Julian Apostata (gest. 363), den vom Christen-
tum abgefallenen römischen Kaiser, kämpfen und ihn töten. Maria sitzt
hinter ihm auf seinem Pferd und führt ihm die Hand, um Julian, den
«Abtrünnigen», mit seiner Lanze zu treffen. – Apocalypse (zwischen
1264 und 1267), Lambeth Palace, London, MS 209, f 45v.

verrichteten sie das vorgeschriebene Gebetspensum. Mit dem
Kriegsruf «Maria, Mutter Gottes» stürzten sie gegen den Feind.
Den siegreichen Ausgang der Schlacht führten die katholischen
Truppen nicht auf ihre überlegene Kriegskunst zurück; sie
schrieben ihn vielmehr, wie es in einem Brief der fünf katho-
lischen Orte an die Stadt Rottweil heißt, der fürbittenden Macht
Marias zu. Man habe, beteuerten die eidgenössischen Brief-
schreiber, «ob der catholischen schweben sehen die bildnus der
Mutter Gottes und eine weise taube darob».

     Es war ein einzigartiger historischer Augenblick, als am Mor-
gen des 7. Oktober 1571 die Flotte der «Heiligen Liga» bei Lepanto, einer venezianischen Seefestung am Golf von Korinth,

ausfuhr, um durch eine gemeinsame Abwehrfront gegen die Türken den christlichen Glauben zu verteidigen. Das Flaggschiff der Liga unter Don Juan d'Austria, dem Befehlshaber der Seeschlacht, war mit einer Standarte ausgestattet, die folgende Aufschrift trug: «Sancta Maria succurre miseris» (Heilige Maria, komm zu Hilfe den Erbarmungswürdigen). Nach vierstündigem Kampf errangen die 243 spanischen, venezianischen, päpstlichen, genuesischen, savoyischen und maltesischen Schiffe – dank Marias Hilfe – den Sieg. Das war am ersten Sonntag im Oktober, an dem die Rosenkranzbruderschaft von Rom ihre Bittgänge zu halten pflegte. So wurde Maria als die eigentliche Urheberin des Sieges gefeiert. Papst Pius V. bestimmte im März 1572, daß zum «Gedächtnis unserer lieben Frau vom Siege» alljährlich am Tag der Schlacht von Lepanto ein Dankfest gehalten werden solle. Gregor XIII., sein Nachfolger, ordnete 1573 an, am 7. Oktober, dem Tag des Seesiegs von Lepanto, das Rosenkranzfest zu feiern. Der Senat von Venedig, dessen Schiffe zum Erfolg von Lepanto maßgeblich beigetragen hatten, ließ unter das Bild der Schlacht von Venedig den Satz schreiben: «Weder Macht, Waffen oder Führer, sondern Maria vom Rosenkranz hat uns zum Sieg verholfen.» Erinnerungen an Lepanto gaben Gewißheit, im richtigen Glauben den wahren Gott anzubeten, der Maria zum vornehmsten Werkzeug seiner Heilspläne gemacht hatte.

Mit Maria als sicherem Schild zog Herzog Maximilian von Bayern 1618 in den Krieg, der dreißig Jahre dauern sollte. Heilige Zeichen, von denen wirksame Schlachtenhilfe zu erwarten war, gaben dem Feldzug den Charakter eines heiligen, von Gott gewollten Krieges. Maximilian von Bayern ließ seinem Heer eine geweihte Marienfahne vorantragen. Sich selber ließ er mit einem Skapulier, dem «Bild Marias», bekleiden – wohl wissend, daß diejenigen, die um den rechten Glauben kämpfen, mit dem Schutz Marias rechnen können. Der Karmeliter Dominicus a Jesu Maria, sein aus Rom angereister Feldprediger und militärischer Ratgeber, bediente sich eines Kreuzes und eines Marienbildes, um dem ligistischen Heer und seinen Führern Mut zu machen.

Raphael a S. Josef, ein Karmeliter, der 1678 eine Lebens-beschreibung des gottseligen Ordensgenerals Dominicus a Jesu Maria zum Druck brachte, hat die Fahnenweihe ausführlich beschrieben und die Bedeutung der Fahne mit dem Marienbild im Verlauf des Kriegsgeschehens gedeutet. Auf einer Seite be-fand sich das Bild der allerseligsten Mutter Gottes mit Christus, ihrem Sohn, auf den Armen, «künstlich gesticket» und mit der Überschrift versehen: «Terribilis, ut castrorum acies ordinata. Erschröcklich / wie ein wolgeordnetes Kriegsheer». (Hoheslied 6,4) Die andere Seite der Fahne, «gleichfals köstlich gesticket», trug die allerheiligsten und süßesten Namen JESUS und MARIA und zwar mit folgender Überschrift: «Da mihi virtutem contra hostes tuos» (Gib mir Kraft wider deine Feinde). Im Blick auf das Marienbild und die beigefügten Texte sollte sich das katho-lische Kriegsheer bewußt machen, «daß der Mars und Gott jhres Krieges, auf den allein sie all jhr Vertrauen haben sollten / JESUS; jhr Bellona [Kriegsgöttin] aber MARIA wäre».

Das Skapulier, das sich Herzog Maximilian von Pater Domi-nicus anlegen ließ, bestand aus zwei rechteckigen Stoffstücken, die, durch zwei Bänder miteinander verbunden, auf Brust und Rücken getragen wurden. Auf die so miteinander verbundenen Stücke aus Tuch wurden gemeinhin auf Stoff gedruckte Marien- und Heiligenbildchen appliziert. «Das Scapulier auf der Brust», sagte ein Prediger in der Mitte des 18. Jahrhunderts, «beschuet-zet das Hertz; auf dem Rucken aber den Leib, damit nemlich der Mensch an Leib und Seel von allen Seiten geschuetzet werde.»

Ansehen und Verbreitung verschaffte dem Skapulier der Kar-meliten eine Vision, die, wie Ordenschronisten versicherten, Simon Stock (um 1165–1265), dem sechsten General des Kar-melitenordens, am 15. Juli 1251 im Kloster Aylesford in der Grafschaft Kent zuteil wurde. Von den Drangsalen des Ordens aufgewühlt und erschüttert, bat er Maria um ein Zeichen ihres mütterlichen Schutzes. Maria erfüllte ihm diese Bitte. Sie er-schien ihm und übergab ihm das Skapulier mit den Worten: «Geliebter Sohn, empfange dieses Skapulier deines Ordens, ein Zeichen meiner Bruderschaft, dir und allen Karmeliten ein Vor-recht. Wer in diesem Gewand stirbt, wird vor dem ewigen Feuer bewahrt werden. Siehe, es ist ein Zeichen des Heils, Heil in Gefahren, ein Bund des Friedens und der ewigen Versöhnung.» In einer Vision, deren sich Papst Johannes XXII. (1316–1334) rühmen konnte, soll Maria versprochen haben, daß sie diejenigen, die in ihrer Todesstunde das Skapulier Unserer Lieben Frau vom Berge Karmel tragen, am Samstag, der auf ihren Todestag folgt, im Fegfeuer aufsuchen werde, um sie zu trösten und von den Flammenqualen zu befreien.

Im Rückblick von heute gibt sich das Skapulier als Sakramentale zu erkennen, das im Laufe des 17. und 18. Jahrhunderts «zum wichtigsten sichtbaren Bekenntniszeichen des nachkonziliaren Reformkatholizismus» geworden ist. Im religiösen Erfahrungshorizont und in der religiösen Praxis katholischer Frommer von damals knüpfte sich an das Skapulier nicht der Wille zum konfessionellen Bekenntnis, sondern das Verlangen nach Schutz und Hilfe.

Zu den Zeichen, die in der Schlacht am Weißen Berg siegbringend gewirkt hatten, gehörte auch ein spätgotisches Bild mit Maria, Josef und dem Jesuskind im Stall von Bethlehem. Dominicus a Jesu Maria hatte es in der südböhmischen Deutsch-Ordenskommende Strakonitz gefunden. Soldaten der protestantischen Union hatten Maria und Josef sowie den beiden Hirten die Augen ausgestochen. Pater Raphael machte aus dem Bild ein «Wunder- und Gnaden-Bild der Mutter Gottes Mariae de Victoria», das in der Schlacht wider die Ketzer auf dem Weißen Berg bei Prag große Wunder tat. Pater Dominicus habe das Bild dem Herzog und anderen Befehlshabern der beiden Armeen gezeigt und sie dann ermahnt, die Gott und seiner Mutter erfahrene «Unbild» zu rächen. Den Kriegsrat haltenden Kriegsobristen habe er eingeschärft: Der Feind mag seine «Brustwehren» haben und in seinem Rücken drei mächtige Städte. Über sich habe er jedoch den Zorn Gottes und den seiner Heiligen. Die beiden katholischen Armeen hingegen hätten über sich den «Schutz-Mantel Gottes und MARIAE zu jhren Brustwehren».

Als bald nach Beginn der Schlacht die katholische Armee «zur Flucht wanckelte», habe, wie Pater Raphael berichtet, «nit gewanckelt» des Paters «Glaub und Hofnung / sondern nur mehr bevestiget, sich zu Roß begeben / und mit dem Glantz und Strall seines heiligen Crucifix / und der H[eiligen] Bildnuß MARIAE denen Feinden nicht allein erschröcklich erschienen / sondern sie in confusion, in Unordnung / in zittern und tattern in die Flucht gebracht».

Im Rahmen des von Kaiser Ferdinand II. und Herzog Maximilian angestrengten Seligsprechungsprozesses wurde das Verhalten des Paters in der Schlacht auf dem Weißen Berg als Beweis für «außerordentliches Vertrauen», «heroische Hoffnung» und «übernatürliche Kühnheit» gerühmt. In der Schlacht habe er solches Vertrauen zu Gott gezeigt, daß er, allein mit einem Kruzifix und einem Bild Marias «bewaffnet» und nicht durch einen Schild oder Helm beschützt, sicher in die Schlachtreihen der Häretiker eingedrungen sei und den Sieg erfochten habe. Überall, wo Gefechte stattfanden, sei er auf seinem Pferd aufgetaucht und habe mit frommen Bittrufen Gott um Barmherzigkeit angefleht, er möge die Katholiken unversehrt bewahren, die Un- und Andersgläubigen jedoch vernichten. Eingedenk des Tagesevangeliums vom 8. Dezember habe er gerufen: «Ihr Rebellen, gebt dem Kaiser, was des Kaisers, und Gott, was Gottes ist.»

Im Mai 1622 wurde das siegbringende Marienbild von Strakonitz nach Rom in die damals vollendete Kirche St. Paul der Karmeliten übertragen. Die «Madonna di Praga» entwickelte sich zum geistlichen Mittelpunkt der karmelitischen Ordenskirche in Rom. Maria, in der Kirche gegenwärtig durch ein Bild, das Wunderbares bewirkt haben soll, verdrängte langfristig das ursprüngliche Kirchenpatronat des Apostels Paulus. Unter der Bezeichnung «S. Maria della Vittoria» wurde Maria zur namengebenden Titelheiligen der Kirche. Als solche erfüllte sie Aufgaben einer Gedächtniskirche für alle Siege über Ungläubige, die Maria zugeschrieben wurden. Liturgisch gefeiert wurden in der Kirche der Maria vom Siege der Sieg über die Türken bei Lepanto (7. Oktober 1571), die Schlacht auf dem Weißen Berg (8. November 1620) und die Befreiung Wiens von den Türken (12. September 1683).

Die Thematik des 1622 in die römische Karmeliterkirche übertragenen Marienbildes bestimmte auch die weitere künstlerische Ausgestaltung der Kirche. Reliefs, Skulpturen, Bilder und Inschriften, mit denen die Kirche langfristig ausgestattet wurde, erinnerten an den denkwürdigen Sieg der Katholiken bei Prag, durch den Maria ihre Macht im Kampf gegen Unglauben und Ketzerei eindrucksvoll bewiesen hatte. Ein Deckenfresko im Priesterchor zeigt den Sieg der katholischen Liga auf dem Weißen Berg. Inmitten der Heerführer erscheint hoch zu Roß Pater Dominicus, angetan mit seinem weißen Ordensmantel und das Kruzifix in Händen. Die Inschrift unter dem Fresko lautet: «Terribilis ut castrorum acies ordinata» (Furchtgebietend wie ein geordnetes Kriegsheer). Das dem Hohenlied entnommene Zitat beschreibt Maria als kämpferische Frau, die sich, wenn es um Belange der Kirche und des christlichen Glaubens geht, auch in kriegerische Konflikte einmischt.

Die schutzgebende und siegbringende Jungfrau und Gottesmutter Maria prägte nicht weniger nachhaltig Formen und Inhalte der sog. Pietas Austriaca, der politischen Religiosität des Hauses Habsburg und seiner Untertanen. Im Zeichen der unbefleckten Jungfrau kämpfte Ferdinand II. für die reine, unfehlbare kirchliche Wahrheit. Maria bezeichnete er als seine «Generalissima», als das «oberste Kriegshaupt» seiner Heere. Ferdinand III. entschloß sich 1647, «das gantze Land unter den schutz, schirm und patrocinium glorwürdigster Jungfrauen Mariae zu devocieren undt einzuverleiben».

Kaiser Leopold I. (1658–1705) betrachtete sein Kaisertum als Lehen Marias. Seine kaiserliche Würde ließ er sich gleichsam von Maria bestätigen, als er 1658 in Altötting weilte und beim Empfang des Altarsakraments das «newe angetrettene Kayserthumb» von Maria zu Lehen nahm, desgleichen «sich und seine undergebne Land und Leuth unter den Schutz Mariae» befahl. 1671, im Todesjahr seiner zweiten Gemahlin Claudia Felicitas, legte er Maria von neuem den Titel einer «Generalissima Familiae Austriae» bei und beteuerte: «Ich will die allerheiligste Jungfrau Maria im kriege zu meiner befehlshaberinn und bey friedens tractaten zur gevollmächtigten machen».

Der Sieg, den unter der Regentschaft Kaiser Leopolds Prinz Eugen über die Türken bei Zenta im Jahre 1697 errang, ist von

Zeitgenossen und Nachfahren immer wieder als Beleg für die wirksame Schlachtenhilfe Marias erinnert und zitiert worden.

Die Madonna der Türkenkriege und der Gegenreformation nahm kämpferische Züge an. Prediger des 17. Jahrhunderts machten aus Sachverhalten des Militär- und Kriegswesens Bilder und Metaphern für die Wirksamkeit Marias. Die Maria zugeschriebene Wehrhaftigkeit hatte sowohl einen geistlichen als auch einen weltlichen Aspekt. Marias Waffentüchtigkeit sollte sich gleichermaßen gegen geistliche und weltliche, sicht- und unsichtbare Feinde der Christen und der Christenheit bewähren – gegen dämonische und teuflische Mächte der höllischen Unterwelt, gegen Ketzer im eigenen oder benachbarten Land, gegen Türken, die das christliche Abendland in ihre Gewalt bringen wollen, gegen jedweden Feind, der die politische Existenz der eigenen Stadt und des eigenen Landes bedroht. Abraham a Santa Clara bezeichnete Maria als «Waffenhaus der Christenheit», aus dem «wir nehmen die wer wider vnsere feindt».

Die Widersprüchlichkeit religiös motivierter Kriegführung ist schwerlich zu übersehen, wenn sich Kriegsgegner derselben christlichen Symbolsprache bedienen. Als König Rudolf von Habsburg und König Ottokar von Böhmen 1278 auf dem Marchfeld um den Führungsanspruch im Reich kämpften, sang, wie Mathias von Neuenburg in seiner Chronik berichtet, als die Heere langsam zum Kampf vorrückten, Rudolf zu Rhein, ein Ritter von Basel, mit lauter Stimme, so daß es von beiden Heeren gehört wurde: «Heilige Herrin Maria, Heilige Herrin». Folgt man der *Steirischen Reimchronik*, lautete der Schlachtruf: «Sant Mari, muoter und meit [Magd], alls unser nôt sî dir gecleit [geklagt].» Die Böhmen riefen: «Herr erbarme dich unser.» Sie suchten Hilfe bei dem erhöhten Christus, die Österreicher vertrauten auf den Schutz seiner Mutter.

Theologen des 15. Jahrhunderts, die sich außerstande sahen, im Namen Gottes und bestimmter Heiliger geführte Kriege theologisch zu rechtfertigen, legten deshalb Widerspruch ein, wenn Fürsten und Herren gegeneinander Krieg führten und sich, um mit Gottes und seiner Heiligen Hilfe ihre Interessen durchzusetzen, derselben heiligen Zeichen bedienten. Erasmus von Rotterdam zeigte kein Verständnis für gekrönte Dichter und Rhetoren, die zum Krieg entschlossenen Fürsten Triumphe über ihre Feinde verheißen Zu behaupten, daß Gott für einen Fürsten kämpfen wird, sei mit dem christlichen Glauben und dessen Friedensethik nicht zu vereinbaren. Für Erasmus kommt es einem Mißbrauch christlicher Werte und Symbole gleich, wenn christliche Kriegsparteien das Kreuzzeichen verwenden, um ihre Siegeschancen zu verbessern.

Die kämpfende und triumphierende, auf Rechtgläubigkeit und konfessionelle Geschlossenheit bedachte Kirche machte Maria zur Anwältin und Repräsentantin ihrer religiösen Belange und politischen Interessen. In ihrem Ringen um Selbstbehauptung konnte die Kirche die Erfahrung machen, daß ihr Maria als schützende Macht und kriegerische Hilfe zur Seite stand. Frieden, den Maria stiftete, kam nicht auf dem Verhandlungswege, nicht durch die Suche nach Kompromissen zustande, sondern dadurch, daß sie die Reich und Kirche bedrohenden Feinde niederwarf. Eigenschaften und Fähigkeiten, die Maria mit einer geordneten Schlachtreihe (Hoheslied 6,4) und einem mit tausend Schilden behängten Turm Davids (Hoheslied 4,4) vergleichbar machten, schien eine solche Sicht ihres Wirkens zu rechtfertigen.

Marias zunehmende Instrumentalisierung für konfessionelle Ziele, politische Interessen und militärische Zwecke war nicht ein Resultat von religionsimmanenten Überzeugungen und Tendenzen, sondern von Rahmenbedingungen der jeweiligen gesellschaftlichen und politischen Umwelt. Gesellschaftliche Bedürfnisse und politische Interessen machten aus der biblischen Magd eine himmlische Schutzfrau, der man zutraute, Individuen, Gruppen, Städten, Ländern und Nationen sowohl in geistlichen als auch in weltlichen Belangen wirksam zu helfen. Erst im Zeichen der katholischen Aufklärung verstand sich der von Maria gewährte Schutz nicht mehr von selbst. Kaiser Josef II. konnte der traditionellen Marienverehrung, die für politische Zwecke in Dienst genommen wurde, keine Bedeutung mehr abgewinnen. Er betrachtete sie als entbehrliche, politisch irrelevante Äußerlichkeit. Das Land dem

Schutz Marias zu unterstellen und sie durch Votivgaben um Schutz und Fürbitte anzurufen, hielt er für ein Zeichen des Aberglaubens, nicht für einen theologisch begründeten Akt des Glaubens.

Der politischer Religiosität abholde Josefinismus konnte aber nicht verhindern, daß beim Ausbruch des Ersten Weltkriegs von neuem Marias Schutz und Hilfe angerufen wurde. Ein österreichischer Pfarrer erinnerte damals in einer seiner Predigten daran, daß sich in der Geschichte Österreichs Maria wiederholt als «Helferin der Christen» erwiesen habe. «Die gefürchtetsten Feinde der Christen waren ehedem die Türken. Sengend und brennend wüteten sie an den Küsten des Meeres aufwärts der Donau bis heran an an die gesegneten Marken Österreichs. Österreichs Regent, der zugleich die deutsche Kaiserkrone trug, war von den übrigen deutschen Fürsten verlassen. Nur eine Hilfe hatte er außer der Tapferkeit seiner Armee und dies war Maria. Der 5. Oktober 1571 gab den Sieg von Lepanto. Und weiter! 1683 kommen wieder die Türken. Sie belagerten Wien. Hungersnot und Krankheit wüteten, die Not der Belagerten stieg aufs Äußerste. Maria half wieder. Daher war es nicht zu verwundern, daß Österreichs Fürsten sich dankbar der Himmelskönigin erwiesen.» Von der Vergangenheit auf die Gegenwart überleitend, beschwor der Prediger seine Zuhörer: «Auch jetzt ist die Not groß. Tausende rafft der Tod dahin. Tausende werden elend als Verstümmelte durchs Thränental pilgern. Wäre es da ein Wunder, wenn wir nicht auch jetzt auf die übernatürliche Hilfe Mariens bauten?» Seine rhetorische Frage nahm die Antwort vorweg: «Ja, Christen, lasset uns laut bekennen, daß Maria unsere heilige Patronin, daß Maria die Schutzfrau unseres Vaterlandes ist. Laßt uns fest die Treue halten gegen Fürst und Vaterland!» Sein mahnendes Bekenntnis verbindet er mit der Bitte: «O Himmelskönigin, Hilfe der Christen, breite deinen Mantel aus, über unser Vaterland, über unseren erlauchten Kaiser und sein Haus! Schütze Österreichs tapfere Soldaten und unser verbündetes Deutsches Reich!»

12. Marienverehrung im 19. und 20. Jahrhundert: Erscheinungen, neue Dogmen, «Befreiungsmariologie»

In das 19. und 20. Jahrhundert fällt eine Epoche, die, theologie- und frömmigkeitsgeschichtlich betrachtet, gemeinhin als ein «marianisches Jahrhundert» bezeichnet wird. Das wärmere marianische Klima dieser Epoche habe die marianische Eiszeit der Aufklärung überwunden und abgelöst. Als epochenbildende Zäsuren wirkten lehramtliche Entscheidungen von zwei Päpsten. Pius IX. verkündete 1854 das Dogma von der Unbefleckten Empfängnis Marias; Pius XII. gab Marias leiblicher Aufnahme in den Himmel den Rang eines Glaubensartikels. Am 1. November 1950 verkündete er als Glaubenssatz, daß die unbefleckte und immerwährend jungfräuliche Gottesmutter Maria mit Leib und Seele in die himmlische Herrlichkeit aufgenommen worden sei. Unter den weiblichen und männlichen Ordensgemeinschaften, die im 19. Jahrhundert entstanden, hatten viele eine starke marianische Ausrichtung; viele von ihnen, die sich dem Unterricht von Kindern und Jugendlichen widmeten, missionarisch tätig waren und caritative Dienste verrichteten, trugen Marias Namen. Marienerscheinungen entfachten religiöse Bewegungen und ließen Wallfahrtsstätten von internationaler Ausstrahlung entstehen. Millionen von Wallfahrern pilgern seit der Mitte des 19. Jahrhunderts Jahr für Jahr nach La Salette, nach Lourdes und Fatima, wo 1846, 1858 und 1917 Maria Kindern erschienen ist. Dogmatische Reflexion und fromme Ekstase stützten sich gegenseitig.

Cathérine Labouré (1806–1876), eine französische Ordensfrau, die 1947 heiliggesprochen wurde, hatte 1830 in der Pariser rue du Bac eine Vision, in der sie von Maria beauftragt wurde, eine Medaille mit folgender Inschrift prägen zu lassen: «O Maria, ohne Erbsünde empfangen, bitte für uns, die wir unsere

Zuflucht zu dir nehmen.» Maria versprach: «Die Gnaden werden zahlreich sein, die sie [die Medaille] mit Vertrauen tragen.» Bernadette Soubirous, der 1858 in Lourdes zu wiederholten Malen die Jungfrau Maria erschienen war, schrieb im Dezember 1876 an den Papst: «Es scheint mir jedesmal, wenn ich entsprechend Ihren Wünschen bete, daß vom Himmel die hl. Jungfrau ihre Blicke auf Sie lenkt, lieber Heiliger Vater, weil Sie ja die Unbeflecktheit verkündet haben, und weil dann vier Jahre danach die gute Mutter auf die Erde kam, um zu sagen: Ich bin die Unbefleckte.» Bernadette erblickte in dieser Selbstmitteilung der Gottesmutter ein Zeichen ihrere besonderen Güte. Deshalb sagte sie sich, «daß die heilige Jungfrau gut ist, weil sie sozusagen gekommen ist, um den Satz des Heiligen Vaters zu bestätigen».

Bis ins 19. Jahrhundert haben Theologen kontrovers darüber diskutiert, ob Marias Seele durch die Erbsünde befleckt war oder nicht. Gegner und Fürsprecher der Lehre von der «Immaculata Conceptio Mariae» bekämpften sich leidenschaftlich. Auch Thomas von Aquin war dagegen. Mangelnde Übereinstimmung unter den führenden Theologen ließ die Päpste zögern, eine verbindliche Entscheidung zu treffen.

Als am 8. Dezember 1854, am Fest der Empfängnis Mariens, Papst Pius IX. das neue Dogma verkündete, beendete er eine jahrhundertelang währende Debatte. Es hatte folgenden Wortlaut: «Die Lehre, daß die seligste Jungfrau Maria im ersten Augenblick ihrer Empfängnis durch einzigartiges Gnadengeschenk und Vorrecht des allmächtigen Gottes, im Hinblick auf die Verdienste Christi Jesu, des Erlösers des Menschengeschlechts, von jedem Fehl der Erbsünde rein bewahrt blieb, ist von Gott geoffenbart und deshalb von allen Gläubigen fest und standhaft zu glauben.»

Im Blickfeld kritischer Kirchenhistoriker von heute nimmt sich das Dogma als Überwindung der katholischen Aufklärung aus; es gilt als Zeichen einer restaurativen, Rom-orientierten Theologie und Frömmigkeit. Bei klerikalen und laikalen Zeitgenossen löste es nicht nur Vorbehalte, sondern auch Jubel und Begeisterung aus. In rheinischen Städten motivierte das neue Dogma zur Errichtung von Mariensäulen. Als Grundstein für die Kölner Mariensäule stiftete der Papst einen Stein aus den Katakomben der heiligen Petrus und Marcellinus. In seiner Ansprache bei der Grundsteinlegung der Kölner Mariensäule wertete Kardinal Johannes von Geissel, Kölns Erzbischof, die Säule als «Denkmal des Glaubens und der Verehrung der heiligen unbefleckten Jungfrau in unsrer Stadt». Der Kölner Kardinal nahm die Grundsteinlegung überdies zum Anlaß, sein Bistum von neuem Maria zu weihen. Er tat dies mit den Worten: «Unter ihren mächtigen Schutz stelle ich neuerdings diese Stadt und diese Erzdiöcese, mich und mein Haus und alle meine Nachfolger, damit sie Euch, mich und sie behüte immerdar.» Es waren nicht weniger als 25 000 Menschen, die an dieser Grundsteinlegung teilnahmen. In Aachen gab die Verkündigung des neuen Dogmas Anlaß zu einem allgemeinen Stadtfest, das mit Glockengeläut und Böllerschüssen eingeleitet wurde. Häuser und Straßen waren beflaggt. Marienbilder, Marienstatuen sowie Inschriften aus der Lauretanischen Litanei, dem Hohenlied und dem Magnificat zierten die Fenster der Häuser. In Aachen bildete sich überdies ein Verein, der sich zum Ziel setzte, unter dem Schutz und zur Verherrlichung dieses glorwürdigen Geheimnisses der unbefleckten Empfängnis der allerseligen Jungfrau Maria in Aachen eine neue katholische Kirche zu gründen, sowie die hiezu erforderlichen Geldmittel zu sammeln.»

Das Dogma ist von dem rheinischen Kirchenvolk mit Begeisterung aufgenommen worden. Schwieriger war es, eine theologisch fundierte Kanonisationsbulle zu verfassen. Den Mangel an eindeutigen Zeugnissen in der Heiligen Schrift und in der altkirchlichen Vätertradition sollten das Lehramt des Apostolischen Stuhls und der lebendige Glaubenssinn des Volkes ausgleichen.

Mit dem Dogma von der leiblichen Aufnahme Marias in den Himmel, das Papst Pius XII. am Allerheiligentag des Jahres 1950 feierlich verkündete, verhält es sich nicht anders. Der Kernsatz des damals feierlich verkündeten neuen Dogmas lautet: «Es ist eine von Gott geoffenbarte Glaubenswahrheit, daß die unbefleckte, immer jungfräuliche Gottesmutter Maria nach Vollendung ihres irdischen Lebenslaufes mit Leib und Seele zur himmlischen Herrlichkeit aufgenommen ist.» Es sei «ein Akt der Verehrung» und der «Preisung», die «höchste Form des Marienlobes» (Joseph Ratzinger). Inhaltlich besagt es, daß die erlösende Wirkung von Christi Tod und Auferstehung seiner Mutter Maria bereits jetzt, d. h. vor der allgemeinen Auferstehung der Toten am Jüngsten Tag, in vollem Umfang zuteil geworden ist. Der vollen Erlösungsgnade, mit der Christen sonst erst am Ende der Zeiten rechnen können, ist Maria bereits jetzt teilhaftig geworden. Sie ist die vollkommen Erlöste, die schon jetzt Gottes Angesicht schaut.

In der volkstümlichen Marienverehrung ging es sinnenhafter, konkreter zu. Maria trat in Erscheinung, ließ sich sehen, nannte ihren Namen und offenbarte sich; sie sollte ihren Verehrern helfen, sich in einer Welt der Leiden und Gebrechen zurechtzufinden. Marienerscheinungen, mit denen sich Wundererfahrungen und Wundererwartungen verbanden, geben beredt davon Kunde. Am 19. September 1846 – es war das Fest der Sieben Schmerzen Mariä – erschien in La Salette, einem Dorf in den französischen Südalpen, zwei Hirtenkindern die Jungfrau Maria. Im südfranzösischen Lourdes trat zwischen dem 11. Februar und dem 16. Juli 1858 die himmlische Maria mit Bernadette Soubirous nicht weniger als achtzehn Mal in Verbindung. Bernadette, ein einfaches, ungebildetes Mädchen, entstammte einer Familie von völlig verarmten Müllersleuten. Deren Armut wurde im nachhinein als Kriterium für den Gnadenerweis Marias gedeutet. Auch die Maria, die sich in Lourdes zeigte, gebot Gebet, Buße, Reue und Umkehr. Erschienen ist Maria der vierzehn Jahre alten Bernadette in der Nische einer Grotte. Sie war angetan mit «einem weißen Kleid, weißem Schleier, blauem Gürtel und einer goldgelben Rose in der Farbe ihres Rosenkranzes auf beiden Füßen». Am 25. Februar, als Bernadette wiederum zur Grotte ging, hörte sie eine Stimme, die sie aufforderte: «Trinken Sie aus der Quelle und waschen Sie sich darin!» Daraufhin entdeckte Bernadette in der Grotte eine Quelle, deren Wasser sich in der Folgezeit als heilkräftig erweisen sollte. Noch heute baden Pilger, gesunde und kranke, im Wasser von Lourdes. In einem Pilgerführer neuesten Datums heißt es dazu: «Das Wasser aus der Quelle von Massabielle soll besonders auf die innere Heilung des von der Sünde verwundeten Menschen hinweisen; es ist Symbol für das Wasser der Taufe, durch die der Christ ‹aus Wasser und Geist› ein neues Leben empfängt.» Aber auch die Möglichkeit einer wunderbaren Heilung wird nicht ausgeschlossen, denn: «Immer wieder wurden kranke Pilger im Wasser der von Bernadette entdeckten Quelle gesund – bis heute.»

Kurt Tucholsky (1890–1935), der 1925 in Lourdes war, hat das dortige Bäderwesen folgendermaßen beschrieben: «Es sind drei Abteilungen, in denen befinden sich die Wannen mit dem Quellwasser. Davor ist ein eingezäunter Platz, hier steht Krankenwagen an Krankenwagen. Man sieht bleiche, abgezehrte, fiebrige Gesichter. Männer auf der einen Seite, Frauen auf der andern. Vor ihnen ein Geistlicher. Er betet laut. Die Masse unter den Bäumen, an die Gitterstangen gedrückt, spricht die Worte nach. Wie eine Stimme steigt das auf. Der Priester: ‹Seigneur, nous vous adorons!› [Herr, wir beten dich an] Die Masse: ‹Seigneur, nous vous adorons›.» Zwischendurch ertönt aber auch «ein Schrei, ein Ruf aus tiefster Not, ein Befehl, ein Kommand! ‹Seigneur, faites que je vois› [Herr, mache mich sehend].»

Am 25. März 1858, am Tag von Mariä Verkündigung, gab die hohe, himmlische Frau ihren Namen preis. Sie sagte: «Ich bin die Unbefleckte Empfängnis.» Um sich gegenüber Bernadette verständlich zu machen, sprach die Jungfrau Maria französisch. Ihre Selbstoffenbarung verband sie mit einem Wunsch: «Ich wünsche eine Kapelle hier.» Langfristig ist es Bernadette gelungen, ihren Erscheinungen ein hohes Maß an Glaubwürdigkeit zu verschaffen. Dazu trugen nicht nur vermeintliche oder tatsächliche Wunder bei, die sich in Lourdes ereigneten. Eine Rolle spielte auch die radikale Christlichkeit, die sich in ihrem Leben ausdrückte. Als charismatisch begnadete Frau schloß sie sich 1866 den «Schwestern der Liebe von Nevers», den «Soeurs de la Charité de Nevers», an. Tätige Nächstenliebe machte sie zu einer «Heiligen der Armen». In Nevers, einer kleinen Stadt südöstlich von Orléans, ist sie im Mutterkloster der Soeurs de la Charité im Alter von fünfunddreißig Jahren gestorben.

Nachdem die Marienerscheinungen in Lourdes sich nicht länger verheimlichen ließen und den Charakter einer öffentlichen Angelegenheit annahmen, setzte Bischof Laurence von Tarbes eine Kommission ein, die die Echtheit dessen überprüfen sollte, was der Bernadette Soubirous an Un- und Außergewöhnlichem widerfahren war. Sie kam zu einem positiven Ergebnis. Ihr Spruch verwandelte Lourdes in eine vielbesuchte Gnadenstätte. Pilgerzüge setzten ein. Die Massen strömten. Im Jahre 1867 waren es bereits 28 000 Menschen, die sich auf den Weg nach Lourdes machten, um an den Segnungen der heiligen Stätte teilzuhaben.

Die Reaktion, die das Wunder von Lourdes in der französischen Volkskirche auslöste, war überwältigend. Als kirchlich organisiertes Gemeinschaftsunternehmen fand vom 5. bis 8. Oktober 1872 eine Großwallfahrt der Katholiken Frankreichs statt. Es war die Zeit, als man in der abendländischen Kirche das Rosenkranzfest feierte. Acht Bischöfe nahmen daran teil. Die übrigen Gnadenorte waren mit nicht weniger als 252 Fahnen vertreten. Aufgerufen hatte zu dem Unternehmen, das gleichermaßen religiösen Motiven und nationalen Interessen Rechnung tragen sollte, ein «Comité pour la manifestation de la France en l'honneur de la'Immaculée Conception». Liebe zu Maria hatte die Pilger bewegt, sich auf den beschwerlichen Weg zu machen, der sie zwei Tage lang bis an den Fuß der Pyrenäen Frankreichs führte. Sie wollten nicht nur Maria Ehre erweisen; sie gelobten auch feierlich, daß die Nation, eingedenk der im Krieg gegen Deutschland erlittenen Niederlage, wieder fromm und christlich werden wolle. Sieben Jahre später verließ ein Lazarettzug mit fünfhundert Pilgern, darunter dreihundert Kranken, zum Teil unheilbaren Schwerstkranken, die Gare d'Orléans von Paris, begleitet von kritischen Attacken der kirchenfeindlichen Presse. Zola schilderte den weißen Hospitalzug (train blanc) als «bejammernswerten Zug alles Elends und aller Schmerzen». Nicht weniger als vierzehn solcher Züge verließen Jahr für Jahr Paris. Die Kranken hofften auf Hilfe – geistliche und körperliche; Ordensfrauen, Helfer und Helferinnen aus bürgerlichen Kreisen pflegten selbstlos die Kranken.

Am 8. Dezember 1933, am Fest der Unbefleckten Empfängnis Mariä wurde Bernadette heiliggesprochen. Papst Johannes Paul unternahm im Jahre 1983 eine Pilgerreise nach Lourdes. Er war der erste Papst, der Unserer Lieben Frau von Lourdes durch seine Anwesenheit Ehre erwies. In seiner Predigt während der Messe am 15. August sagte er: «Heute zum Fest der Aufnahme [Marias] in den Himmel wallfahren wir nach Lourdes, wo Maria zu Bernadette sagte: ‹Ich bin die ohne Erbschuld Empfangene› … Hier sprach damals ‹die schöne Frau› mit einem einfachen Mädchen von Lourdes, Bernadette Soubirous, sie betete mit ihr den Rosenkranz, und gab ihr bestimmte Aufträge. Wenn wir nach Lourdes kommen, wollen wir von neuem diese außerordentliche Nähe spüren, die nie zu bestehen aufhörte, ja sich noch verstärkt hat. Die Nähe Marias ist wie die Seele dieses Heiligtums. Wir wallfahren nach Lourdes, um der Mutter Gottes nahe zu sein. Wir wallfahren nach Lourdes, um dem Geheimnis der Erlösung näherzukommen.»

Lourdes gehört bis heute zu den größten und am meisten besuchten Wallfahrtsorten in Europa. Im Jahre 1989 waren es nicht weniger als fünf Millionen Wallfahrer aus aller Welt, die nach Lourdes kamen, um ihrem Glauben an die helfende und fürbittende Macht der himmlischen Frau Ausdruck zu geben. Des Papstes Kommen erhöhte das Ansehen des Platzes. Aus dem, was die himmlische Jungfrau der kleinen Bernadette auftrug, machte er eine Botschaft, die, bestätigt und gut geheißen durch die höchste Autorität der katholischen Kirche, für die ganze Kirche gelten soll.

In Fatima, einem Dorf in der Mitte Portugals, 125 km nördlich von Lissabon gelegen, erschien Maria 1917 insgesamt sechs Mal, und dies jeweils am 13. Tag der Monate Mai bis Oktober, mit Ausnahme des 13. August. Gesehen wurde die Gottesmutter von drei Kindern aus bäuerlichen Familien.

Die Botschaft, die die Gottesmutter den Kindern im Fortgang ihrer Visionen auftrug, ist geprägt durch einen eindringlichen Aufruf zu einem authentisch christlichen Leben. Dessen tragende und prägende Mitte sollen Buße und Gebet sein – insbesondere das Rosenkranzgebet um den Frieden. Mit besonderer Hingabe sollen die Christen das Unbefleckte Herz Marias verehren, das die Weltgeschichte gewendet hat, weil in ihm Gott Mensch wurde. Es sind insgesamt drei Geheimnisse, die die Jungfrau den Kindern offenbarte. Im ersten Geheimnis ging es um die Hölle, in die die armen Seelen kommen werden. Gerettet werden könnten diese durch die Verehrung ihres Unbefleckten Herzens. Themen des zweiten Geheimnisses waren Krieg und Frieden sowie die Bekehrung Rußlands. Folgt man den Aufzeichnungen von Lúcia dos Santos, der Seherin, mit der die Gottesmutter sprach, sagte die Gottesmutter zu den Kindern: «Der Krieg geht zu Ende. Wenn man nicht aufhört, den Herrn zu beleidigen, wird unter dem Pontifikat von Pius XI. ein anderer, schlimmerer Krieg beginnen. Wenn ihr eine Nacht von unbekanntem Licht erhellt seht, wißt ihr, daß dies das große Zeichen ist, das Gott euch gibt, daß die Bestrafung der Welt für ihre vielen Vergehen durch den Krieg, den Hunger und die Verfolgungen gegen die Kirche und gegen den Heiligen Vater bevorsteht. Um dies zu verhindern, werde ich kommen, um die Weihe Rußlands an mein unbeflecktes Herz und die Sühnekommunion an den ersten Samstagen des Monats zu erbitten. Wenn man auf meine Bitte hört, wird Rußland sich bekehren, und man wird Frieden haben. Sonst wird es seine Irrtümer in der Welt verbreiten und Kriege und Verfolgungen der Kirche entfachen … Am Ende wird mein unbeflecktes Herz triumphieren. Der Heilige Vater wird mir Rußland weihen. Es wird sich bekehren, und der Welt wird eine Zeit des Friedens gewährt werden. Portugal wird immer an der Lehre des Glaubens festhalten usw.» Hinter dem «usw.» verbirgt sich der dritte Teil des Geheimnisses, das Schwester Lúcia, die Seherin, erst gegen Ende des Jahres 1943 niederschrieb und das erst im Mai 2000 im Auftrag von Papst Johannes Paul II. veröffentlicht wurde. Dieses dritte Teilgeheimnis gibt das «abgelaufene Jahrhundert als Jahrhundert der Märtyrer, als Jahrhundert der Leiden und der Verfolgungen der Kirche, als das Jahrhundert der Weltkriege und vieler lokaler Kriege» zu erkennen, «die die ganze zweite Hälfte des Jahrhunderts ausgefüllt und neue Formen der Grausamkeit hervorgebracht haben» (Joseph Kardinal Ratzinger). Bei der Schau sei links von Unserer Lieben Frau ein

Engel gesehen worden, der mit seiner rechten Hand auf die Erde wies und «Buße, Buße, Buße!» rief. Den Ort des Geschens beschreibt der von Schwester Lúcia aufgezeichnete Text mit drei Symbolen: einem steilen Berg, einer halb in Trümmern liegenden Stadt und einem großen Kreuz. Handelnde Personen waren ein in Weiß gekleideter Bischof, wohl der Papst, verschiedene andere Bischöfe, Priester, Ordensleute sowie Männer und Frauen aus unterschiedlichen Klassen, Schichten und Ständen. Angeführt wurde der Zug, der mühsam den Berg hinaufstieg, vom Heiligen Vater, dem in Weiß gekleideten Bischof. «Am Berg angekommen, kniete er zu Füßen des großen Kreuzes nieder. Da wurde er von einer Gruppe von Soldaten getötet, die mit Feuerwaffen und Pfeilen auf ihn schossen. Genauso starben nach und nach die Bischöfe, Priester, Ordensleute und verschiedene weltliche Personen, Männer und Frauen unterschiedlicher Klassen und Positionen. Unter den Armen des Kreuzes waren zwei Engel, ein jeder hatte eine Gießkanne aus Kristall in der Hand. Darin sammelten sie das Blut der Märtyrer auf und tränkten damit die Seelen, die sich Gott näherten.»

Das auf ihn verübte Attentat hat Papst Johannes Paul II. am 13. Mai 1994 folgendermaßen gedeutet: «Es war eine mütterliche Hand, die die Flugbahn der Kugel leitete und es dem Papst, der mit dem Tode rang, erlaubte, an der Schwelle des Todes stehenzubleiben.» Im Text des dritten Geheimnisses konnte der Papst sein eigenes Geschick erkennen. Bei einem Kurzbesuch des damaligen Bischofs von Leiria-Fatima hat ihm der Papst die Kugel überlassen, die nach dem Attentat im Jeep geblieben war, um sie im Heiligtum von Fatima aufzubewahren. Der Bischof tat noch ein übriges. Er ließ die Kugel in die Krone der Marienstatue von Fatima einfassen.

Fatima blieb kein Ereignis von provinziellem Zuschnitt. Dem portugiesischen Ort, den Maria durch ihr Erscheinen zu einem Ort besonderer Gnadenvermittlung gemacht hatte, haben die Päpste viel Anerkennung und Reverenz erwiesen. Pius XII. weihte – fünfundzwanzig Jahre nach den Erscheinungen – in feierlicher Form die gesamte Christenheit dem Unbefleckten Herzen Marias. Am 13. Mai 1967, dem fünfzigsten Jahrestag der Erscheinungen, kam Papst Paul VI. nach Fatima und zeigte sich zusammen mit der Seherin den Gläubigen. Durch diese Geste erhielt Fatima seine endgültige kirchenoffizielle Bestätigung. Johannes Paul II. begab sich im Mai 1982 auf Wallfahrt nach Fatima. Zum einen wollte er der Jungfrau Dank dafür abstatten, daß sie ihn bei dem auf ihn am 13. Mai 1981 verübten Attentat beschützt hatte; zum anderen lag ihm daran, «von neuem die Botschaft zu hören, die aus dem Mund der gemeinsamen Mutter, die sich um das Los der Kinder sorgt, erklang». Am 13. Mai 1982 erneuerte der Papst die Weihe an das Unbefleckte Herz Marias. Papst Pius XII. hatte 1952 die Völker Rußlands dem unbefleckten Herz der Gottesmutter geweiht; Johannes Paul II. tat dasselbe 1984.

Fatima gehört neben Lourdes und Czenstochau zu den großen marianischen Wallfahrtsorten der abendländischen Christenheit. Über die Jahre hin waren es Millionen von Menschen, die nach Fatima wallfahrten, um sich trösten und helfen zu lassen. Mit dem saarländischen Marpingen, das zu einem deutschen Lourdes hätte werden können, verhielt es sich anders. Dort wollen am 3. Juli 1876 drei achtjährige Bauernmädchen beim Heidelbeersuchen eine Frau in strahlendem Licht mit einem Kind auf dem Arm gesehen haben. Mit folgenden Worten soll sie sich den Kindern zu erkennen gegeben haben: «Ich bin die Unbefleckt Empfangene.» Der zuständige Ortspfarrer ließ sich nach anfänglicher Skepsis von der Echtheit der Erscheinungen überzeugen. Von wunderbaren Heilungen war die Rede. Wallfahrer strömten zusammen, um in den verschiedensten Anliegen Maria um ihre Hilfe zu bitten. Die wunderbare Erscheinung Marias eskalierte zu einem politischen Konflikt mit dem preußischen Staat, der seine Bürokraten und Gendarmen sowie sein Militär aufbot, um die religiöse Bewegung als staatsgefährdendes Unterfangen zu unterdrücken. Die liberale Presse argwöhnte «Madonnenschwindel»; sie diagnostizierte «Unsinn», «Dummheit» und «ultramontane Intrige»; sie unterstellte, daß den religiösen Umtrieben die Absicht zugrunde liege, die «Unzufriedenheit» der saarländischen Katholiken mit dem politischen status quo anzuheizen, die «Erbitterung»

gegen Preußen zu schüren und den «Haß» auf das Deutsche
Reich zu nähren; sie etikettierte die Muttergottes von Lourdes
als «französische Revanchegöttin», der man mit Hilfe des Mar-
pinger «Lourdes-Schwindels» auch im Saargebiet Einfluß verschaffen wolle.

Und weshalb kamen die Pilger? David Blackbourn, ein in Ox-
ford lehrender Historiker, der unter dem Titel *Marpingen. Ap-
paritions of the Virgin Mary in Bismarckian Germany* (1997 in
deutscher Übersetzung: *Wenn ihr sie wieder seht, fragt wer sie
sei. Marienerscheinungen in Marpingen – Aufstieg und Nieder-
gang des deutschen Lourdes*) ein siebenhundert Seiten starkes
Buch über die Marienerscheinungen von Marpingen und deren
politisch-soziale Implikationen geschrieben hat, gab auf diese
Frage folgende Antwort: «Die Pilger kamen, um für die Offen-
barung der Jungfrau Maria zu danken, als Akt der Buße oder
um durch ihre Anwesenheit und das Berühren des heiligen Bo-
dens Gnade zu erlangen. Viele suchten die Fürbitte der Allerseligsten Jungfrau: Neben der Heilung für sich selbst oder für
Familienangehörige baten sie etwa um Hilfe bei einem Fort-
pflanzungs- oder Fruchtbarkeitsproblem, um die Genesung
eines kranken Tiers, eine gute Ernte, die Freistellung des Sohnes
von der Wehrpflicht, um Leitung bei einer schweren Entscheidung, ja um Hilfe bei einer bevorstehenden Klausur. Es waren
dieselben Anliegen, welche Tausende von Lesern populärer Blät-
ter, die der Jungfrau Maria oder dem Allerheiligsten Herzen
[Jesu] gewidmet waren, zur Einsendung ihrer Fürbittgesuche be-
wogen.»

Der preußische Staat, dessen bürokratische, polizeiliche und
militärische Sachwalter sich in Marpingen rechtswidrige Über-
griffe zuschulden kommen ließen, verstand sich aber immer
noch als Rechtsstaat und lenkte deshalb langfristig ein. Er mußte einsehen, daß dem Handeln seiner Exekutive rechtliche Grenzen gezogen waren. Eine offizielle Untersuchung von Seiten der
Amtskirche fand nicht statt. Das hing mit dem Kulturkampf zusammen. Der Trierer Bischof war im Juni 1876 gestorben. Die
preußischen Maigesetze ließen es nicht zu, einen neuen zu wäh-
len. Die Prüfung des Falles Marpingen gelangte deshalb in die

Hände von Johann Theodor Laurent, eines in Aachen lebenden
Theologen, der über die Geheimnisse, Gnaden und Tugenden
Marias viel gepredigt und geschrieben hatte. Als Laurent die
«vorgeblichen Erscheinungen zu Marpingen» seinem Urteil
unterwarf, entschied er sich «gegen die Echtheit der Erscheinungen zu Marpingen». Die von den Kindern beschriebenen Erscheinungen seien «der Mutter Gottes unwürdig». Die von den
Erscheinungen benutzten Wörter seien «ungeziemend» und, genauer betrachtet, «eine bloße Nachäffung» von Lourdes. Gegen
die Möchtegernvisionärinnen spreche überdies «ihr Mangel an
aller Ergriffenheit und Durchdrungenheit beim Erzählen». Ihre
«Gleichgültigkeit und Verdrossenheit beim Ausfragen» hätten
kein Vertrauen aufkommen lassen. Marpingen scheiterte an der
theologischen Vernunft eines Theologen, dessen Mariologie sich
durch ein bemerkenswert hohes Reflexionsniveau auszeichnete.
Ein zweites Lourdes war aus Marpingen nicht zu machen.

Die Kapelle, die zur Erinnerung an die Marienerscheinungen
am Rande des dortigen Härtelwaldes errichtet wurde, ist bis
heute nicht geweiht. Die seherische Kraft der Kinder von Marpingen hatte nicht ausgereicht, aus Marpingen einen Gnaden-
und Wallfahrtsort zu machen, der hilfesuchende Wallfahrer zu
Hauf anzog. Den Kindern von Marpingen gelang es nicht, ihren
Visionen Glaubwürdigkeit zu verschaffen, obschon es auch anderwärts – in La Salette und in Lourdes zum Beispiel – Kinder
waren, denen sich Maria offenbarte. Zur Typologie der Marienerscheinungen im 19. und 20. Jahrhundert gehören visionär be-
gabte Kinder weiblichen Geschlechts. Die Bevorzugung von
Kindern mag darin ihren Grund finden, «daß diese Kleinen zum
einen die Mutterschaft Mariens besonders augenfällig werden
ließen; zum anderen schienen sie angesichts ihrer geringen Bil-
dungsvoraussetzungen zu garantieren, die Intentionen Marias
umso klarer hervortreten zu lassen und sie nicht aufgrund auf-
klärerischer Intellektualität zu verfremden» (Hubertus Lutter-
bach). Ihre «Angewiesenheit auf ‹übermütterlichen› Beistand»
werde bisweilen noch dadurch unterstrichen, daß sie in ärm-
lichen Verhältnissen aufwuchsen und von schwächlicher Ge-
sundheit waren.

Immer wieder wurde darauf hingewiesen, daß die Marienverehrung, wie sie im 19. und 20. Jahrhundert gepflegt und ausgeübt wurde, keine rein religiöse Angelegenheit war. Im Auge zu behalten seien auch deren politische Aspekte und Funktionen. «Im 19. Jahrhundert», meinte David Blackbourn, «waren Marienerscheinungen geballt in Zeiten außergewöhnlicher oder sozialer Bedrängnisse aufgetreten. Dasselbe galt für die Zeit nach 1914, als Krieg, politische Wirren und Wirtschaftskrise in ganz Europa die Kulisse für neue Marienerscheinungen bildeten.»

Theologen sprechen vom «Zeitbezug der marianischen Prophetie», die in Bedrängnissen des Gottesvolkes besondere Aktualität gewinne. Päpste brachten die Verehrung Marias mit Zeitereignissen in Verbindung. In dem Bemühen, die Leiden des Ersten Weltkrieges zu beenden, ließ Benedikt XV. im Mai 1917 die Anrufung «Königin des Friedens, bitte für uns» in die Lauretanische Litanei, in der Maria mit ihren Ehrentiteln angerufen wird, einrücken. Er tat dies in der Absicht, daß sich Maria durch «ihre zärtliche und liebreiche Fürsorge bewegen» lasse, «der in Unordnung gebrachten Welt den ersehnten Frieden zu geben». Am 8. Dezember 1942, auf dem Höhepunkt des Zweiten Weltkrieges, weihte Papst Pius XII. die ganze Welt dem Unbefleckten Herzen Mariens. Am 1. November 1950 definierte er Marias Aufnahme in den Himmel.

Im Falle der «Befreiungsmariologie» sind Denkanstöße, die von gesellschaftlichen Veränderungen ausgingen, evident. Die Entwürfe dieser auf Emanzipation und soziale Gerechtigkeit angelegten Mariologie sind Antworten auf Menschenbilder und Gesellschaftsverhältnisse, deren zeitbedingter Wandel als Herausforderung an die Theologie begriffen wird. Die Suche nach einem neuen, zeitgemäßen Frauenbild durch feministische Theologinnen war nicht zuletzt durch die Einsicht bedingt, daß eine Maria, die als Frau einer patriarchalisch organisierten Gesellschaft ihrem Manne untertan ist und die in Haushaltsführung und Kindererziehung ihre wahre Bestimmung findet, mit dem Selbstverständnis und der Lebenswirklichkeit heutiger Frauen nicht mehr zu vereinbaren ist. Die feministische Theologie reagierte auf das Frauenbild einer modernisierten Gesellschaft, in der die Rolle der Frau in Ehe, Familie und Gesellschaft neu definiert wurde.

Einige Vertreterinnen dieser theologischen Richtung stützen sich auf Entwicklungsmodelle der Religionsgeschichte und Ethnologie, um die Annahme zu rechtfertigen, daß in der Geschichte der Menschheit den patriarchalischen Gesellschaftsstrukturen matriarchalische Urkulturen vorgelagert waren. Im Kontext einer solchen These nimmt Maria Konturen einer matriarchalischen Muttergottheit an. Als solche wird Maria zur heimlichen Göttin im Christentum, zu einer christlich bemäntelten Magna Mater, zur Repräsentantin einer urtümlichen Weiblichkeit.

Die Mehrzahl der feministischen Theologinnen begreift Maria als Symbol der Befreiung aus männlicher Bevormundung und Unterdrückung. Eine solche Intention macht aus der herkömmlichen Marienlehre eine Protesttheologie gegen ein Frauenbild, das vom Gedanken der Unterordnung unter die Vorherrschaft des Mannes sowie von der naturbedingten, im Sündenfall evident gewordenen intellektuellen und ethischen Schwäche der Frau bestimmt ist. Von Catharina Halkes, einer führenden Vertreterin der feministischen Theologie, wurde diese Suche nach einer selbstbestimmten Identität beschrieben als Befreiung «von den negativen Selbstbildern, die wir uns zu eigen gemacht haben; von unserer Angst, andere Wege zu gehen und deshalb ausgestoßen zu werden, von hierarchischen Denkmustern, die in hoch und niedrig, überlegen und minderwertig einteilen; von der Gewalt der ausschließlich rationalen Argumente, mit denen Diskussionen und sogar in persönlichen Gesprächen gefochten wird». Im Kontext solcher Erkenntnisinteressen ist Jungfräulichkeit nicht mehr gleichbedeutend mit sexueller Enthaltsamkeit. Als Jungfrau gilt diejenige Frau, «die kein ‹abgeleitetes› Leben führt als Mutter von, Tochter von, Gattin von, sondern die zu einer Ganzheit in sich selbst heranreift, die als Person intakt ist, die sich selbst angehört und aus ihrer eigenen Mitte heraus offen für andere, für Gott ist».

Als Theologie, die Probleme sozialer Ungleichheit nicht ausspart, deutet die feministische Befreiungstheologie Marias Magnificat als Parteinahme Gottes für die Armen und Entrechteten. Anhänger einer Theologie, der es darauf ankommt, Marienfrömmigkeit zu einer Kraft gesellschaftlicher Veränderungen zu machen, betonen deshalb: Marias Person und Botschaft verpflichten nicht nur zur Überwindung patriarchalischer Machtstukturen, sondern auch zum Kampf gegegn ökonomisches und soziales Unrecht.

Rück- und Ausblicke

Auch für das 19. und 20. Jahrhundert gilt: Maria hat viele Gesichter, an denen abzulesen ist, was Christen von ihr erwarten und was sie tun sollen, um ihrem Auftrag gerecht zu werden. Als Prophetin von Gottes Heil will Maria Menschen helfen, zu sich selber zu finden; als Legitimiationsfigur zur Rechtfertigung traditioneller Geschlechterrollen weckt sie Ärgernis. Simone de Beauvoir erklärte kategorisch: «Der höchste Sieg der Männlichkeit vollendet sich im Marienkult.» Was sie an der katholischen Marienfrömmigkeit auszusetzen hat, trifft auf frauenfeindliche Tendenzen zu, die es in der Theologie des Mittelalters unstreitig gegeben hat und die unterschwellig in modernen Theologien bisweilen immer noch mitschwingen, nicht aber auf die Marienlehre und Marienfrömmigkeit der katholischen Kirche im allgemeinen und ganzen.

Quellen – Gebete, Lieder, Bilder, Votivtafeln, Geschichten und Legenden –, die zum Ausdruck bringen, von welchen Gedanken und Gefühlen sich Menschen in Mittelalter und Neuzeit leiten und bewegen ließen, wenn sie sich rat- und hilfesuchend an Maria wandten, sprechen eine andere Sprache. Sie lassen den Schluß zu, daß die Vorstellungen, die Fromme von Maria in ihren Köpfen und Herzen trugen, nicht dazu angetan waren, Frauen zu erniedrigen und in ihrer Würde zu verletzen – im Gegenteil. Sie geben Kunde von Erfahrungen der Hilfe, des Schutzes, des Trostes und der Ermutigung. An Maria wandten

sich Christen des Mittelalters und der frühen Neuzeit als «Trö-
sterin», «Helferin», als «Mittlerin» und «Fürsprecherin», als
«starkes Weib», dem sie zutrauten, «alles Böse von Seel und
Leib» zu vertreiben. Leitbegriffe der von Laien gepflegten Marienfrömmigkeit waren Schutz, Hilfe und Fürbitte, nicht Ideale
einer asketischen Lebensführung. Es war nicht die keusche und
jungfräuliche Gottesgebärerin, die im Mittelpunkt mittelalterlicher und neuzeitlicher Marienverehrung stand, sondern die
mütterliche Maria, der Gefährdungen und Leiden des weiblichen Geschlechts nicht erspart geblieben waren: Schwangerschaft, Entbindung, Armut, Ausgegrenztsein, Flucht, der Ver-
lust des eigenen Sohnes. Fromme, die bei Maria Hilfe suchten,
vertrauten auf die Mütterlichkeit der himmlischen Frau. Sie sind
kaum zu zählen, die Gebete, Bilder und Geschichten, die Christen in der Überzeugung bestärken sollten, daß Maria in allen
Nöten und Gebrechen dieser Welt «ein gewaltig helferin» und
vor dem Angesicht Gottes «ein fürsprecherin alles menschlichen
geschlechts» sei. Im Bild des Mantels, den Maria über von Angst
und Not bedrängte Menschen breitet, fand das Vertrauen in die
schützende Macht der Gottesmutter ihren stärksten Ausdruck.
     Christinnen in Lateinamerika, Schwarzafrika und Asien wen-
den sich gegen eine Marienverehrung, deren implizite Theologie die untergeordnete Stellung von Frauen in Ehe und Familie,
Kirche und Gesellschaft festschreibt. Sie sind darauf bedacht,
sich von Maria ein Bild zu machen, das für Frauen befreiend
wirkt. «In Maria», schrieb eine indische Ordensfrau, «ist der
göttliche Traum von einer neuen Menschheit Wirklichkeit geworden. Sie ruft jede Frau aufzuwachen, sich zu erheben und für
die Realisierung ihrer eigenen Würde als Tochter Gottes zu arbeiten.» Koreanische Frauen deuten die «Jungfrauengeburt als
ein machtvolles Symbol für Gottes Gericht über ein patriacha-
les System von Herrschaft und Unterdrückung». Maria soll sie
in ihrem Ringen um Menschenwürde, um gesellschaftliche Anerkennung und kirchliche Teilhabe inspirieren und bestärken.
In der Sichtweise einer von Frauen entworfenen Marienlehre
wird die von Gott erwählte Frau aus Nazareth zum Symbol und
Vorbild für eine Lebenshaltung, die wachsen läßt, nährt und

gebiert und dadurch eigenständiges Leben ermöglicht und hervorbringt.

Auch in der Gegenwart bleibt Maria, was sie immer war: Ein Spiegelbild zeitgebundener Sehnsüchte, Erwartungen und Herausforderungen. Marienfrömmigkeit und Marienlehre mögen in der katholischen Christenheit der europäischen Breitengrade Einbußen an sinnstiftender Kraft erlitten haben; die kulturelle Ausstrahlung Marias ist ungebrochen. Ihre «tausend Gesichter», die sie in Bildern und Skulpturen, in poetischen und erzählenden Texten, in Gesängen, Motetten und Kantaten zu erkennen gibt, stößt immer noch auf ein breites kulturgeschichtliches Interesse. Keine Frau hat durch die Kraft ihrer Symbolik das Glauben, Denken und Fühlen der Christenheit maßgeblicher und nachhaltiger geprägt als Maria.

Weiterführende Literatur

Beinert, Wolfgang/Heinrich Petri (Hg.): Handbuch der Marienkunde, Regensburg 1984.

Ben-Chorin, Schalom: Mutter Mirjam. Maria in jüdischer Sicht, 7. Aufl., München 1991.

Carlen, Louis: Maria im Recht, Freiburg/Schweiz 1997.

Gössmann, Elisabeth/Dieter R. Bauer: Maria für alle Frauen oder über allen Frauen, Freiburg i. Br. u. a. 1989.

Heil, Johannes/Rainer Kampling (Hg.): Maria – Tochter Sion? Mariologie, Marienfrömmigkeit und Judenfeindschaft, München u. a. 2001.

Moltmann-Wendel, Elisabeth/Hans Küng/Jürgen Moltmann (Hg.): Was geht uns Maria an? Gütersloh 1988.

Mulack, Christa: Maria. Die geheime Göttin im Christentum, 3. Aufl., Stuttgart 1988.

Nebel, Richard: Santa María Tonantzin Virgen de Guadalupe. Religiöse Kontinuität und Transformation in Mexiko, Immensee 1992.

Opitz, Claudia/Hedwig Röckelein/Gabriela Signori/Guy P. Marchal (Hg.): Maria in der Welt. Marienverehrung im Kontext der Sozialgeschichte, 10.–18. Jahrhundert, Zürich 1993.

Ratzinger, Joseph: Die Tochter Zion. Betrachtungen über den Marienglauben der Kirche, Einsiedeln 1977.

–/Hans Urs von Balthasar: Maria – Kirche im Ursprung, 4. Aufl., Freiburg i. Br. 1997.

Schmiedl, Joachim: Marianische Religiosität in Aachen. Frömmigkeitsformen einer katholischen Industriestadt des 19. Jahrhunderts, Altenberge 1994.

Schreiner, Klaus: Maria. Jungfrau, Mutter, Herrscherin, München 1994.

–: Maria Victrix. Siegbringende Hilfen marianischer Zeichen in der Schlacht auf dem Weißen Berg (1620). In: Johannes Altenberend (Hg.): Kloster – Stadt – Region. Festschrift für Heinrich Rüthing, Bielefeld 2002, S. 87–144.

–: Antijudaismus in Marienbildern des späten Mittelalters. In: Haus der Bayerischen Geschichte (Hg.): Das Medium Bild in historischen Ausstellungen, Augsburg 1998, S. 9–34.

Signori, Gabriela: Maria zwischen Kathedrale, Kloster und Welt. Hagiographische und historiographische Annäherungen an eine hochmittelalterliche Wunderpredigt, Sigmaringen 1995.

Ziegenaus, Anton: Maria in der Heilsgeschichte, Aachen 1998.

Register

Das Register enthält Namen von Personen und Orten. Gestalten der antiken Mythologie wurden nicht berücksichtigt.

Aachen 111, 120
Abraham 70, 82
Abraham a Santa Clara 99, 106
Aegidius Romanus 48
Aelred von Rievaulx 40
Albertus Magnus 87
Altötting 10, 62–64, 105
Ambrosius, Kirchenvater 38
Anna, Mutter Marias 18 f., 31, 90
Anselm von Canterbury 40
Antoninus von Florenz 87
Aristoteles 48
Augustinus, Kirchenvater 46, 74
Balduin, Abt von Fürstenfeldbruck 43
Beauvoir, Simone de 123
Benedikt X., Papst 56
Benedikt XIV., Papst 32
Benedikt XV., Papst 121
Benedikt, Mönchsvater 47
Bernhard von Clairvaux 57
Bethlehem 30 f., 103
Biermann, Wolf 63
Blackbourn, David 119, 121
Botticelli, Sandro 93
Boff, Leonardo 8
Bouts, Dieric 50
Bruno von Segni 54
Caesarius von Heisterbach 92
Campin, Robert (Meister von Fléma le) 49
Christine de Pisan 37 f.
Chrysostomus, Kirchenvater 46
Clemens von Alexandrien 52
Cortés, Hernán 61
Cox, Harvey 7
Cyrill von Alexandrien 24, 26
Czenstochau 62–64, 118
Danzig 63
David, König von Juda 13, 29, 32, 34,
    82, 86, 89
David von Augsburg 47

Dominicus a Jesu Maria, Karmeliter
    101–103, 105
Dvořák, Anton 39
Eco, Umberto 47
Einsiedeln 10, 64
Elias, Norbert 72
Ephesus 24 f., 27
Ephraim ben Isaak 81
Erasmus von Rotterdam 106 f.
Fatima 10, 109, 115, 117 f.
Felix Hemmerlin 91
Ferdinand II., Kaiser 104 f.
Ferdinand III., Kaiser 105
Florenz 26, 96
Frankfurt 49
Geiler von Keysersberg, Johannes 91
Geissel, Johannes von, Kardinal 111
Gelasius, Papst 69
Germanus, Patriarch von Konstantinopel
    43
Gottfried von Admont 40
Gotfried von St. Viktor 40
Gregor der Große, Papst 98
Gregor XIII., Papst 101
Gregor von Tours 84
Guadalupe 10
Guibert von Nogent, Abt 59
Halkes, Catharina 122
Haydn, Joseph 39
Heinrich von Gent 35
Heinrich von St. Gallen 75
Hídalgo y Costilla, Miguel 61
Hieronymus, Kirchenvater 46, 56
Hippolyt von Rom 52
Huysmans, Joris-Karl 48, 49
Irenäus von Lyon 23
Isaak 19
Jacobus de Voragine 31 f.
Jacopone da Todi 39
Jerusalem 13, 16–18, 32, 41, 81

Jesaja, Prophet 23, 83
Joachim, Vater Marias 18, 32, 90
Johannes, der Täufer 55
Johannes II. Komnenos, byzant. Kaiser 95
Johannes XXII., Papst 103
Johannes, Evangelist 12, 16 f., 38, 43
Johannes, Jünger Jesu 17 f., 41 f., 75
Johannes Gerson 73
Johannes Paul II., Papst 60, 115–118
Johannes von Antiochien 24
Johannes von Salisbury 47
Jorge von Burgos 47
Josef, Ehemann Marias 13, 14, 19, 21, 22, 52, 87, 89, 103
Josef II., Kaiser 107
Julian Apostata, röm. Kaiser 100
Justinus, Märtyrer 23
Kappel 99
Karl der V., Kaiser 64
Konstantinopel 94
Köln 111
Küng, Hans 9
Labouré, Cathérine 109
Laon 59
La Salette 109, 112, 120
Laurent, Johann Theodor 120
Leopold I., Kaiser 43, 105
Lepanto 100 f., 104, 108
Lissabon 115
Lourdes 10 f., 109, 112–115, 118–120
Lukas, Evangelist 12–17, 27, 65, 88 f.
Luther, Martin 58 f., 86, 88
Maria Pötsch (Máriapôcs) 43 f.
Marpingen 118–120
Markus, Evangelist 12 f., 17
Mathias von Neuenburg 106
Matthäus, Evangelist 12–15, 17, 23, 89
Maximilian I., Kaiser 64
Maximilian I., Kurfürst von Bayern 64, 99, 101 f., 104
Mechthild von Magdeburg 54 f.
Mexiko-Stadt 60
Moltmann, Jürgen 10
Monserrat 64
Montaperti 96
Mose 29, 83
Nazaret 8, 13, 27, 34, 40, 45, 54, 77 f., 87, 124
Nestorius, Patriarch von Konstantinopel 24
Nietzsche, Friedrich 45

Otfried, Benediktinermönch 30
Ottokar, König von Böhmen 106
Palestrina, Giovanni 39
Paris 109, 114
Parmigiano, Girolamo 93
Passau 43
Paulus, Apostel 12, 16, 37, 59, 104
Paz, Octavio 62
Pergolesi, Giovanni Battista 39
Paul VI., Papst 118
Pius V., Papst 101
Pius IX., Papst 109 f.,
Pius XI., Papst 116
Pius XII., Papst 109, 111, 117 f., 121
Prag 103, 105
Prinz Eugen 105
Prokop von Templin 43
Raphael a S. Josef, Karmeliter 102 f.
Ratzinger, Joseph Kardinal 78, 112, 116
Regensburg 81 f., 97
Reuchlin, Johannes 86
Rom 98, 101, 104
Rossini, Gioacchino 39
Rudolf I., dt. König 106
Salome 79 f.
Samuel 88
Siena 94–96, 98
Simon Stock 102
Simeon 16, 38, 41
Soubirous, Bernadette 110, 112, 114 f.
Sölle, Dorothee 8
Strakonitz 103 f.
Straßburg 94
Stefan von Bourbon 57
Tarbes, Laurence von, Bischof 114
Telgte 10
Tertullian, lat. Kirchenschriftsteller 52
Theodor von Ankyra 51
Theodosius, röm. Kaiser 26
Thomas von Aquin 48, 110
Thomas, Zisterzienser 68
Tilly, Feldmarschall Maximilians 64
Tucholsky, Kurt 113
Venedig 101
Verdi, Giuseppe 39
Wien 43 f., 104, 108
Zefanja, Prophet 77
Zenta 43, 105
Zola, Émile 114
Zwingli, Ulrich 99